C=O
NH2
CH3-CH2-CH2-CH3
CH3-COOH
NO2
2Al(OH)3→Al2O3+3H2O
CH3C=O
NH2

C=O
NH2
CH3-CH2-CH2-CH3
CH3-COO
NO2
2Al(OH)3→Al2O3+3H2O
R1
HN
R3
N
O
CN
CN
R2
CH3C=O
NH2
H
C
H
C
H
C
C
H
C

우리반 재활용 챔피언

대한과학진흥회 _엮음

스완미디어
SWAN MEDIA

책 머리에

오늘날 우리들은 고도로 발달된 과학 문명의 혜택 속에 살고 있습니다.

우리의 선진 조국 창조를 위해 무엇보다 중요한 것이 과학기술의 개발입니다. 특히 자원이 부족한 우리나라에서 가꾸어야 할 유일한 자원은 과학 기술로 무장한 풍부한 인력 자원입니다.

대한 과학 진흥회에서는 배우는 학생들을 위해 사물을 깊이 관찰하는 습관과 합리적이고 창의적인 과학적 사고를 심어 주기 위한 방법의 하나로 과학 문고를 엮어 내고 있습니다.

과학 문고를 펴냄에 있어서 딱딱한 과학지식을 그림을 곁들여 쉽고 재미있게 이야기로 풀어 써서 학생들이 스스로 원리를 발견하고 재미를 느끼게 함으로써 과학의 여러 분야에 대하여 흥미를 갖고 접근할 수 있도록 하였습니다.

이 책과 더불어 많은 학생들이 과학에 깊은 관심을 갖고 탐구심과 창의력을 기르며 과학을 생활화 할 줄 아는 사람이 되는데 많은 도움이 되었으면 하고 바라는 마음 간절합니다.

기획편찬 **대한과학진흥회**

차례

우리 농산물 선생님

따르릉 따르릉.

시작종이 울리자 아이들은 왁자지껄 떠들던 말을 딱 멈추고 침을 꿀꺽 삼켰습니다. 옆자리와 뒷자리로 흩어져있던 아이들의 시선은 모두 한 곳을 향했습니다. 그도 그럴 것이 오늘은 4학년에 올라온 첫날인 것입니다.

아이들은 궁금증과 호기심이 가득 담긴 눈을 교실문 쪽으로 모으고 같은 생각을 했습니다. 그것은 바로 '어떤 분이 우리 담임선생님이 될까?' 였습니다. 새 담임선생님을 맞는 아이들의 마음은 새 반을 배정받을 때보다도 더 두근거렸습니다.

"난 여자 선생님이 우리 반을 맡으셨으면 좋겠어."

밀이가 기대에 가득 찬 눈을 반짝이며 한솔이에게 말했습니다. 밀이의 목소리는 소곤거리듯이 작았지만 한솔이는 그 목소리에서 밀이의 마음이 설레이고 있다는 걸 느낄 수 있었습니다. 3학년 때도 밀이와 같은 반이었던 한솔이는 밀이의 마음을 다른 사람의 마음보다 쉽게 읽을 수 있었습니다. 아마 그건 밀이도 마찬가지일 겁니다. 왜냐하면 밀이와 한솔이는 단짝친구이거든요.

"난 남자 선생님이 맡으셨으면 좋겠어."

한솔이도 목소리를 낮추어 소곤거리듯 말했습니다. 밀이는 왜냐는 듯이 눈을 동그랗게 떴습니다.

"작년에도 여자 담임선생님이셨잖아. 게다가 난 재작년에도 여자 선생님이셨단 말이야. 애들이 그러는데 조금 무섭긴 해도 남자 선생님이 훨씬 좋대. 같이 축구도 해 주시고, 농구도 가르쳐 주신대."

한솔이의 말에 밀이는 입을 삐죽 내밀었습니다. 밀이는 축구나 농구를 하지 않기 때문입니다.

뒷자리에 앉아 있던 엄장구는 아까부터 두 사람의 이야기를 다 듣고 있었습니다.

"야, 당연히 여자 선생님보다야 남자 선생님이 좋지. 여자 선생님들은 조그만 일 가지고도 막 야단치신단 말이야. 쓰레기 버렸다고 혼내고, 청소 깨끗이 안 했다고 혼내고."

엄장구가 고개를 앞으로 내밀고 불쑥 끼여들었습니다. 그러자 밀이의 얼굴은 금세 뾰로통해졌습니다.

“아니야, 여자 선생님들이 얼마나 친절하신데. 난 여자 선생님이 훨씬 좋아.”

“칫, 난 싫어. 호랑이 같은 선생님만 아니면 우리 반도 남자 선생님이 맡으셨으면 좋겠어.”

엄장구가 목소리에 힘을 주고 약을 올리듯이 말했습니다. 밀이는 엄장구를 째려보다 말고 홱 고개를 돌려버렸습니다. 밀이는 덩치가 크고 얼굴도 험악하게 생긴 이 아이가 마음에 들지 않았습니다.

엄장구는 밀이가 토라진 걸 보자 기분이 좋은지 배실배실 웃고 있었습니다. 한솔이는 괜시리 밀이에게 미안한 마음이 들었습니다.

그때 옆 분단에 앉아 있던 종안이가 무슨 중대한 말이라도 되는 듯 야 야, 하며 아이들의 시선을 집중시켰습니다. 교실문을 향했던 몇몇 아이들의 눈이 종안이에게로 향했습니다. 종안이는 선생님이 오시나 안 오시나 몸을 일으켜 복도로 난 창밖을 살펴보고 난 뒤 숨죽인 소리로 말했습니다.

“너희들, 그 소문 들었니?”

"무슨 소문?"

아이들의 눈에 새로운 궁금증이 번졌습니다. 종안이는 아무도 알지 못한다는 사실에 만족스러운 웃음을 지었습니다.

"이번에 털보 선생님이 4학년 담임을 맡으신대. 왜 우리 농산물 먹어야 된다고 강조하시는 선생님있잖아. 작년에 4학년 형들이 우리 농산물 선생님이라고 별명 붙여 드렸던 선생님 말이야."

"뭐? 툭 하면 운동장 청소 시키는 우농산 선생님 말이야? 어휴, 작년에 운동장에 휴지 버렸다가 그 선생님한테 된통 혼났었는데."

장구는 눈살을 찌푸리며 투덜거렸습니다. 우락부락한 얼굴에 눈살까지 찌푸린 장구의 얼굴은 더욱 짓궂어 보였습니다.

"에이, 설마 우리 담임선생님이 되시진 않겠지."

종안이의 뒤에 앉아 있던 강순이가 안심 반 불안 반이 섞인 얼굴로 말했습니다. 다른 아이들도 설마라는 표정으로 서로를 쳐다보았습니다.

"그런데 새로운 우리들의 선생님께서는 왜 이렇게 안 들어오시냐?"

장구의 말이 끝나자마자 교실문이 드르륵 열렸습니다.

"윽, 우농산 선생님이다."

장구가 굳은 목소리로 낮게 중얼거렸습니다. 아이들의 얼굴도 굳었습니다. 쓰레기 줍기와 대청소로 유명한 우농산 선생님의 얼굴은 4학년 3반의 몇몇 아이들에게도 눈에 익었습니다.

"어휴, 일년 내내 청소만 하게 생겼구나."

종안이가 고개를 푹 숙이며 중얼거렸습니다.

밀이는 굳어 있는 장구를 힐끔 뒤돌아보곤 내심 고소한 생

각이 들었습니다. 그러나 밀이도 우락부락해 보이고 청소만 시킨다는 우농산 선생님이 썩 마음에 드는 건 아니었습니다.

"나는 여러분과 함께 4학년 3반이라는 한 배에 오른 우농산 선생님이다. 일 년이라는 짧지 않은 시간을 순조롭게 노를 저어가기 위해서는 여러분의 도움이 대단히 필요하리라고 본다. 여러분이 얼마만큼 나를 도와주느냐에 따라 4학년의 일년이라는 기간이 순조로울 수도 있고 힘들 수도 있다. 자, 질문 있는 사람 있나?"

아이들은 우농산 선생님의 우렁찬 목소리에 기죽은 얼굴이었습니다. 장난을 잘 하기로 유명한 종안이도 목을 잔뜩 움츠린 채 눈만 말똥말똥 뜨고 있었습니다.

그러나 한솔이의 얼굴은 다른 아이들과는 달리 흥분으로 반짝이고 있었습니다. 우농산 선생님이 교실문을 열고 들어오신 순간부터 한솔이의 얼굴에는 기쁨으로 인한 발간 홍조가 살풋 떠올라 있었습니다.

한솔이는 우농산 선생님을 본 것이 처음은 아니었습니다. 한솔이가 아직 3학년이었을 때의 일입니다. 한솔이네 학교에는 수요일마다 간식시간이 있습니다. 다른 날보다도 수업이 한 시간 더 많은 수요일 마지막 수업이 시작되기 전에 집에서 가져온 간식을 나누어 먹는 시간입니다.

아이들이 가져온 간식은 가지가지였습니다. 햄과 샐러드가 끼워진 샌드위치를 가져온 아이도 있고, 모양이 예쁜 김밥도 있습니다. 그러나 한솔이의 간식은 늘 고구마나 옥수수일 때가 많습니다. 아버지와 함께 야채 가게를 하시는 어머니가 늘 가게에 있는 야채를 간식으로 싸 주시기 때문입니다.

한솔이는 다른 아이들의 먹음직스런 간식에 자꾸만 눈길이 갔습니다. 그때마다 침이 꿀꺽 삼켜지곤 했습니다. 호일이나

나는 4학년 3반이라는 한 배에 오른 우농산 선생님이다!
쾅
말똥 말똥~
반짝!

랩에 깨끗하게 담겨 있는 다른 아이들의 간식을 보니 자신의 고구마가 부끄럽게 여겨졌습니다.

그때 주번 선생님이시던 우농산 선생님께서 한솔이네 반으로 들어오셨습니다.

선생님은 아이들이 먹고 있는 간식을 둘러보시며 교실을 휘 한 바퀴 돌다가 한솔이의 책상 앞에서 멈추어 섰습니다. 그리고는 흐뭇한 미소를 띠시고 한솔이의 고구마를 들여다보셨습니다.

"음, 정말 맛있겠는데? 하나만 나누어 주겠니?"

한솔이는 쑥스러운 마음으로 고구마 하나를 내어 드렸습니다. 다른 아이들이 한솔이와 우농산 선생님을 힐끔힐끔 쳐다보았습니다. 아이들의 눈초리에는 호기심과 부러움이 섞여 있었습니다.

우농산 선생님은 그 자리에 서서 한솔이가 드린 고구마를 맛있게 끝까지 다 드셨습니다. 지금껏 한솔이네 고구마를 그렇게 맛있게 먹었던 사람은 없었습니다.

그 일이 있은 후로 한솔이는 엄마가 싸 주시는 고구마 간식이 더 이상 부끄럽지 않았습니다. 그런데 그 우농산 선생님이 한솔이네 담임선생님이 되신 것입니다. 한솔이는 우농산 선생님이 아이들의 말처럼 툭하면 청소나 시키고 엄하기만 한 선생님은 아닐 거라고 생각했습니다. 우락부락해 보이는 얼굴 뒤에는 그 날 한솔이에게 보여주었던 미소처럼 따뜻한 마음이 자리잡고 있을 것만 같았습니다.

"나는 너희들과 많은 걸 배우고 실천하면서 올 한해를 보내고 싶다. 나는 너희들의 학교 생활이 단지 교과서의 공부만으로 끝나게 되는 건 바라지 않는다. 왜냐하면 교과서에는 나오지 않지만 세상엔 우리가 반드시 알아야 할 중요한 공부들이 아주 많으니까."

우농산 선생님은 교탁 앞을 천천히 걸어다니시며 한마디 한마디에 힘을 주어 말하셨습니다.

"꼭 사관 선생님같잖아. 손에 지휘봉만 들고 있으면 정말 똑같을 거야."

장구가 퉁명스러운 목소리로 작게 투덜거렸습니다. 종안이는 불만스러운 표정으로 연필을 들고 공책에 박박 줄을 긋고 있었습니다.

우농산 선생님은 아이들이 딴 짓을 하고 있는 걸 아시는지 모르시는지 계속 앞으로 아이들이 해야 될 일에 대해서 설명하셨습니다.

종안이는 줄을 긋고 있던 종이가 부욱 찢어지자 찢어진 종이를 꾸깃꾸깃 접어서 교실 바닥에 휙 던졌습니다.

"그리고 우리가 할 일은 또 한 가지 있다. 그건 절대 저 친구처럼 종이를 함부로 버리거나 해선 안 된다는 거다. 나는 우리 반이 쓰레기장으로 변해서는 안 된다고 생각한다."

우농산 선생님의 말에 종안이는 멋쩍은 듯 머리를 긁적였습니다.

"방금 쓰레기 버린 친구 이름이 뭐지? 한 번 일어나 볼까?"

종안이는 움츠러든 얼굴로 자리에서 느릿느릿 일어났습니

다.

"김종안인데요."

"음, 그래. 김종안. 네가 버린 저 쓰레기가 어디로 간다고 생각하지?"

"쓰레기통요."

"그럼 쓰레기통에 있는 쓰레기는 어디로 갈까?"

종안이는 눈을 말똥거리며 교실의 천장을 올려다보았습니다.

"우리나라에서 하룻 동안 생겨나는 전국의 쓰레기 양은 78,000톤이다. 어느 정도의 양인지 짐작할 수 있나?"

아이들은 눈만 깜빡이며 앉아 있었습니다. 쓰레기의 양이 78,000톤이라 해도 그게 얼마만큼의 양인지는 알 수 없었습니다.

게다가 장구는 선생님의 말씀에도 아랑곳없이 아까부터 계속 밀이에게 말장난을 하고 있었습니다. 밀이는 장구가 발로 의자를 툭툭 칠 때마다 스물스물 화가 치밀었습니다.

"너, 가만히 있어."

밀이가 입을 앙다물고 뒤돌아보자 장구는 못 들은 척 딴전을 피웠습니다. 밀이는 장구의 발이 닿지 못하도록 의자를 앞

으로 바싹 끌어당겼습니다.

“78,000톤의 쓰레기를 4.5톤짜리 트럭에 실으면 17,300대의 쓰레기가 나온다. 트럭 17,300대가 죽 늘어서 있다고 생각해 보자. 그 길이로만 해도 엄청나겠지.”

종안이는 고개를 설레설레 저었습니다. 종안이는 어서 빨리 수업이 끝나기를 바랬습니다. 다른 아이들 역시 지루한 표정을 애써 숨기지 않았습니다.

수업을 마치는 종이 울리자 아이들의 얼굴에 생기가 돌았습니다. 종안이는 신이 난 얼굴로 자리에 털썩 앉았습니다.

"오늘은 수업이 오전 수업밖에 없다. 단."

선생님의 말이 떨어지기도 전에 아이들은 와, 하고 소리를 질렀습니다. 그러자 우농산 선생님은 얼굴을 일그러뜨리며 콧등과 이마에 인상을 쓰셨습니다. 그러자 아이들의 함성소리가 슬그머니 기어들어 갔습니다.

"오늘은 첫날이니까 청소를 깨끗이 해야 한다. 청소는 물론 나도 같이 한다. 나 역시 이 교실을 사용하는 담임이니까."

우농산 선생님은 말씀을 마치고 교실을 나가셨습니다. 이곳저곳에서 아이들의 투덜거리는 소리가 터져 나왔습니다.

"쳇, 첫날부터 무슨 청소람. 게다가 담임선생님하고 같이 청소를 해야 된다. 그럼 청소 시간에 놀지도 못하잖아."

"그게 다 작전이야. 우리가 놀까 봐 괜히 그러시는 거라구."

장구의 말에 강순이가 맞장구를 쳤습니다.

"겨우 휴지 한 장 버린 걸 가지구 난 이게 뭐야. 우리 농산물 선생님이 아니라 쓰레기 안 버리기 선생님이야."

종안이도 작은 입을 내밀고 부운 목소리로 말했습니다.

“시간표도 안 가르쳐 주시고 계속 쓰레기 안 버리기 얘기만 하다 가셨어. 수업 시간에도 그러시면 어떡하지?”

아이들이 소리가 나는 쪽을 힐끔 돌아보았습니다. 새침한 목소리의주인공은 장미였습니다. 장미는 반질반질 윤기가 흐르는 긴 머리를 등 뒤로 넘기며 불만스러운 표정을 짓고 있었습니다. 여자아이들은 입을 삐죽이면서도 뽀얀 얼굴과 긴 생머리의 장미를 부러움이 섞인 눈으로 자꾸만 쳐다보았습니다.

“핏, 재는 4학년에 올라와서 까지 혼자 잘난 척하고 있어.”

강순이가 장미에게서 고개를 돌리며 비아냥거렸습니다. 밀

이도 장미를 쳐다보았습니다. 장미의 얼굴에는 자신감이 가득 넘치고 있었습니다. 밀이는 웬지 장미와 가까워지기 힘들 것 같은 느낌이 들었습니다.

"너희들, 우농산 선생님이 얼마나 무서운지 모르지? 작년에 보니까 6학년 형들이 청소 안 하고 놀았다고 복도에다 한 시간 동안이나 벌을 세워 놓는 거 있지. 형들 사이에서도 나쁜 선생님이라고 소문이 났더라니깐."

"정말이야?"

엄장구의 말에 아이들은 눈을 동그랗게 치켜떴습니다.

"그럼. 나한테 들어오는 소식은 정확하다구."

엄장구는 고개를 으쓱이며 아이들을 둘러보았습니다. 아이들은 장구의 말을 들으며 새로운 담임선생님에 대해 투덜거렸습니다.

그러나 한솔이의 생각은 달랐습니다. 우농산 선생님이 무작정 무섭기만 한 선생님이라곤 생각되지 않았습니다.

"한솔아, 장구 말이 정말일까? 우리 어떡하지?"

밀이가 걱정 된다는 눈빛으로 한솔이를 쳐다보았습니다. 그러자 한솔이는 싱긋 웃으며 대답했습니다.

"아닐 거야. 난 선생님이 하나도 안 무서운 걸?"

그러나 밀이는 한솔이의 말에도 안심이 되지 않는 듯 했습니다.

종안이가 우농산 선생님에게 야단을 맞은 뒤로 아이들은 휴지를 버릴 때마다 우농산 선생님의 눈치를 살펴야만 했습니다. 다 쓰지 않은 종이나 아직 쓸만한 학용품을 버릴 때마다 우농산 선생님의 입에서는 불호령이 떨어졌습니다. 불호령과 함께 떨어지는 말은 언제나 환경에 대한 이야기였습니다.

"너희들, 종이를 만들기 위해서 얼마나 많은 나무가 베어지고 있는지 아나? 나무가 없어지게 되면 우리는 숨을 쉬기도 힘들어질 거다. 나무는 우리에게 해로운 이산화탄소를 흡수하고 맑은 산소를 뿜어내기 때문이지. 나무가 사라지게 되면 결

국 그 피해는 우리에게 돌아오게 된다. 너희들도 지구가 탁한 이산화탄소만으로 가득 차게 되는 건 바라지 않겠지."

다 쓰지도 않은 종이를 버린 아이들은 우농산 선생님에게서 나무의 중요성에 대한 이야기를 귀가 따갑게 들어야만 했습니다. 그러나 우농산 선생님이 한 이야기 속에는 아이들도 깜작 놀랄만한 사실들이 많았습니다.

유리병을 한 개 절약하면 형광등을 20시간 동안 켤 수 있는 에너지가 절약된다든지, 알루미늄 캔 통조림 한 개를 절약하면 텔레비전을 세 시간 동안 볼 수 있다는 사실은 아이들을 깜짝 놀라게 했습니다.

장구는 학교 운동장에서 굴러다니는 유리병을 볼 때마다 히죽 웃으며 말했습니다.

"얘들아, 저기 형광등을 20시간 동안이나 켤 수 있는 에너지가 굴러다닌다."

그러나 정작 나서서 유리병을 줍는 아이는 한 명도 없었습니다. 모두들 장구의 말에 깔깔 웃기만 했습니다.

한솔이도 길가에 굴러다니고 있는 유리병이나 알루미늄 캔을 볼 때마다 우농산 선생님의 말씀이 떠오르곤 했습니다. 그때마다 주워야겠다는 생각이 불끈 치솟곤 했지만 창피한 마음에 한 번도 줍지는 못했습니다.

4학년에 올라와 맞은 첫 체육시간이 되자 3반 교실은 아이들의 떠드는 소리로 시끌시끌했습니다. 체육복을 가져오지 않은 아이들은 옆반 등을 돌아다니며 체육복을 빌리느라 성화였습니다. 아직 체육복을 준비하지 못한 아이들은 집에서 가져온 임시 체육복을 갈아입으며 서로 키득거리며 장난을 쳤습니다.

집에서 임시 체육복을 가져온 아이들의 체육복은 각양각색이었습니다. 아빠의 츄리닝 바지를 가져온 아이도 있었고, 작아서 짧아진 바지를 가져온 아이도 있었습니다. 한솔이는 3학년 때 입었던 체육복을 입었습니다. 키가 커서인지 바지가 복사뼈 위에까지 올라왔습니다. 한솔이는 바지의 밑단을 자꾸만 아래로 잡아당겼습니다.

"뭐 해?"

밀이가 한솔이의 바지를 들여다보며 물었습니다. 한솔이는 헤헤 쑥스러운 웃음을 지으며 바지 밑단을 내려다보았습니다.

"키가 컸나 봐. 바지가 짧아졌어."

한솔이의 말에 밀이도 덩달아 웃었습니다. 밀이의 체육복은 보라색이었습니다. 보라색 바탕 위에는 한복을 입은 두 명의 아이 그림과 함께 한글이 적혀있었습니다. 그 옷은 밀이의 얼굴과 잘 어울렸습니다.

장구는 새로 산 체육복을 자랑이라도 하듯 교실을 이리저리 휘젓고 다녔습니다.

“야, 넌 체육복 바지가 무릎까지 올라오겠다. 차라리 아빠 걸 입고 오지 그랬니?”

장구는 한솔이의 체육복을 위아래로 훑어보며 키득거렸습니다. 한솔이의 얼굴은 벌겋게 달아올랐습니다.

"작년에 입던 거라서 그래."

한솔이는 화를 억누르며 말했습니다. 그러자 장구는 가슴을 쫙 펴 보였습니다. 장구의 체육복 웃옷에는 커다란 영문자가 새겨져 있었습니다.

"작년에 입던 거 입지 말고 나처럼 멋있는 걸로 하나 사 입으면 되잖아."

한솔이의 주위에 있던 몇몇 아이들이 부러운 눈초리로 장구의 옷을 쳐다보았습니다. 밀이는 화가 난 얼굴로 장구 앞에 나섰습니다.

"그 옷이 뭐가 멋있니? 한솔이 옷이 훨씬 더 멋있지."

장구는 어이가 없다는 듯 코웃음을 쳤습니다.

"칫, 짝궁이라고 편들어 주는 거냐?"

장구는 한솔이와 밀이를 번갈아보며 운동장으로 나가버렸습니다. 밀이는 장구가 나간 교실문을 향해 눈을 흘겼습니다.

"뭐 저런 애가 다 있지? 신경 쓰지 마, 한솔아. 정말 네 옷이 훨씬 나아."

한솔이는 장구로 인해 속상했던 마음이 밀이의 말을 듣자 조금 풀리는 것 같았습니다.

이제 막 체육시간이 시작되려 하고 있었습니다. 한솔이와 밀이는 우르르 몰려가는 아이들을 따라 운동장으로 나갔습니다. 장구는 아이들에게 둘러싸여 새로 산 체육복 자랑을 하고 있었습니다.

수업종이 울리자 우농산 선생님께서 운동장으로 나오셨습니다. 우농산 선생님은 초록색의 츄리닝을 입고 계셨습니다. 커다란 덩치와 덥수룩한 수염이 초록색 츄리닝과 잘 어울렸습니다.

"상쾌한 날씨다. 체육복이 다들 제각각이구나."

우농산 선생님은 질질 끌리는 바지단을 접어 입은 아이들의 체육복과, 발목을 드러낸 짧은 체육복을 입은 아이들을 둘러보시며 껄껄 웃으셨습니다.

"헤헤."

아이들은 무섭게만 보이던 우농산 선생님의 웃음에 서로 멋쩍은 웃음을 흘렸습니다. 한솔이도 우농산 선생님의 웃으시는 모습을 보자 저절로 웃음이 나왔습니다. 마치 작년 간식시간에 고구마를 드시며 웃으시던 그 모습을 다시 보는 것 같았습니다.

아이들을 둘러보시던 선생님의 눈길이 밀이의 체육복에 가서 멈추었습니다.

"밀이 체육복이 참 예쁘구나. 밀이가 고른 거니?"

밀이는 약간 부끄러운 듯 얼굴을 붉혔습니다.

"어디, 어디?"

아이들은 고개를 돌려 밀이를 돌아보았습니다. 밀이의 체육복을 돌아본 아이들은 실망스러운 얼굴로 피식 웃었습니다.

"저 옷이 뭐가 예쁘담."

장미도 새침한 얼굴로 밀이의 옷을 쳐다보다가 코웃음을 쳤습니다. 장미의 말은 건너편에 서 있는 밀이에게까지 들렸습니다. 밀이의 볼이 화끈 달아올랐습니다.

장구는 가슴을 쫙 펴고 서서 선생님의 눈길이 자기에게도 향해 주기를 기다렸습니다. 드디어 우농산 선생님의 눈이 장구의 체육복으로 향했습니다.

'헤헤, 뭐라고 하실까 역시 장구한테 어울리는 멋진 옷이다? 아니면, 우리 반에서 제일 멋진 옷을 입었구나?'

장구는 가슴을 졸이며 우농산 선생님의 입을 바라보았습니다. 그러나 우농산 선생님의 입에서 나온 말은 부풀어 있던 장구의 마음을 펑 터뜨려 놓고 말았습니다.

"우리 반 친구들 중에도 영어가 적힌 옷을 입은 친구가 있구나. 하지만 뜻도 잘 알지 못하는 영어가 적힌 옷보다는 우리가 다 아는 한글이 적힌 옷이 훨씬 멋있는 옷이다. 한국 사람인 우리한테는 역시 한글이 써진 옷이 어울리니까 말이다."

장구는 울컥 화가 치밀었습니다. 얼굴이 울긋불긋 달아올랐습니다. 편을 나누어 배구 시합을 하면서도 장구는 괜시리 아이들을 툭툭 건드리고 다녔습니다. 아이들은, 누구야? 하고 얼굴을 찌푸렸다가도 턱 버티고 서 있는 장구를 보곤 슬금슬금 물러나 버렸습니다.

장구는 배구공을 받아 두 손으로 힘껏 치고 있는 밀이를 곱지 않은 눈으로 쳐다보았습니다. 밀이의 얼굴에는 환한 웃음이 햇살처럼 번져 있었습니다. 장구는 밀이의 한글이 적힌 체육복을 힐끔 쳐다보았습니다. 예쁘지는 않았지만 밀이에게는 잘 어울리는 것 같았습니다. 그러자 장구는 그런 생각이 드는 자신에게 화가 났습니다.

"칫, 저런 옷 줘도 안 입는다."

장구는 일부러 큰 소리를 내어 퉁명스럽게 말했습니다. 그러자 옆에 서 있던 종안이가 이상하다는 듯이 장구를 쳐다보았습니다.

"뭘 봐?"

장구는 무안한 마음에 종안이에게 톡 쏘아붙였습니다.

"내가 뭘……"

종안이는 겁을 먹은 듯 슬그머니 저만치로 물러가 버렸습니다. 장구는 발 밑에 떨어져 있는 알루미늄 캔을 힘껏 차서 날렸습니다. 그때 우습게도 장구의 머릿속에는 알루미늄 캔 하나를 절약하면 텔레비전을 세 시간 동안이나 볼 수 있다던 선생님의 말씀이 퍼뜩 떠올랐습니다.

"세 시간이건, 네 시간이건 내가 알 게 뭐람."

장구는 멀리 날아가는 알루미늄 캔을 바라보며 입을 삐죽거렸습니다.

폐품발명왕의 만들기 놀이(개구리)

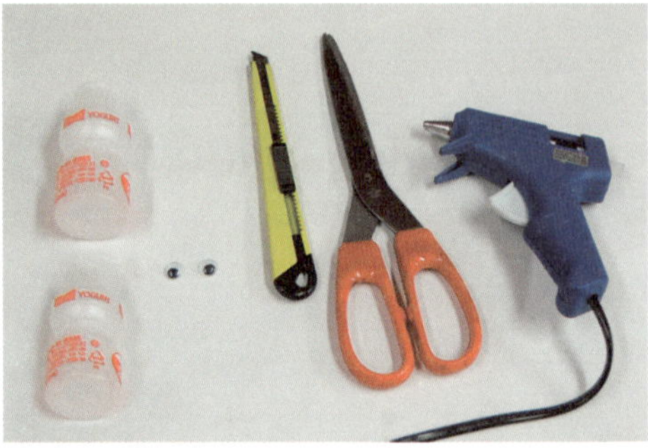

준비물 : 인형눈알 2개, 요구르트병 2개, 커터 칼, 가위, 글루건 각 1개

1) 개구리 몸통 말들기 : 요구르트병 바닥 둘레의 3분의 1만 남기고 자른다. (칼날을 짧게 잡는 것이 안전함)

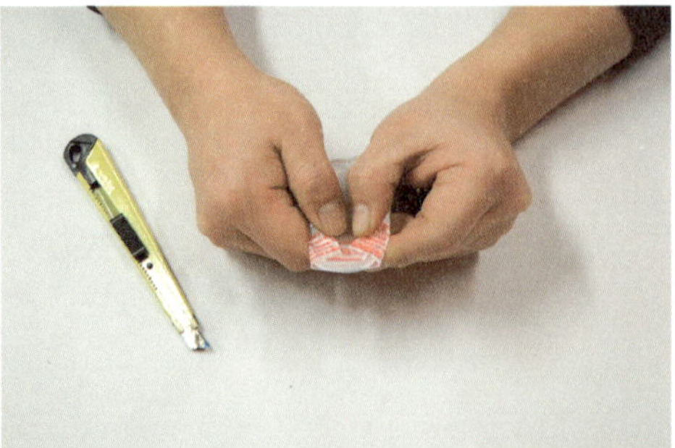

2) 바닥을 중앙에 넣고 한쪽 면만 눌러 안으로 접은 다음 접힌 바닥쪽의 양쪽 모퉁이를 삼각 모양으로 안으로 접는다.

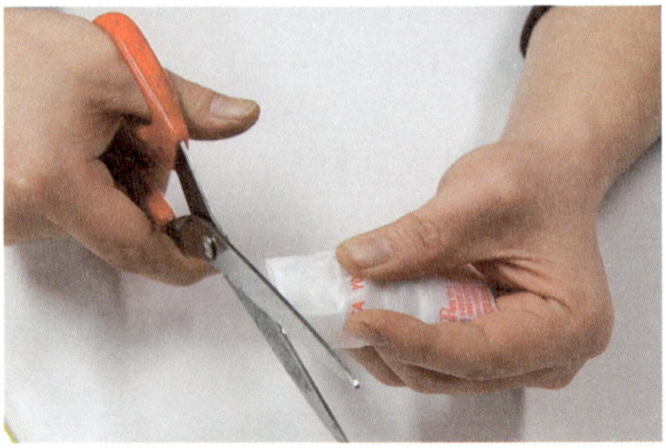

3) 입구의 단단한 부분을 가위로 U자 모양으로 둥글게 자른다.

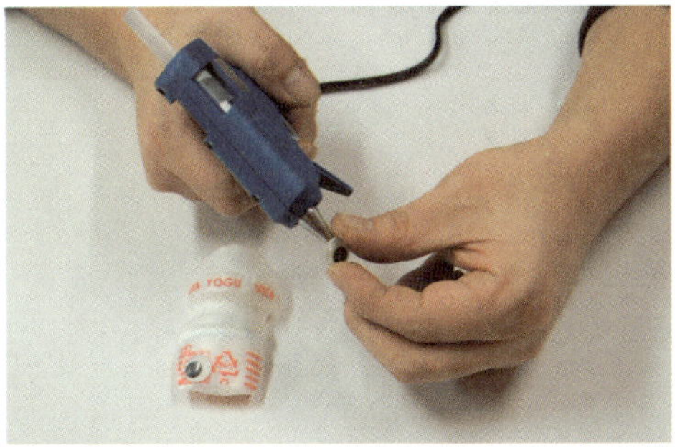

4) 글루건을 이용하여 몸체에 인형 눈을 붙인다.

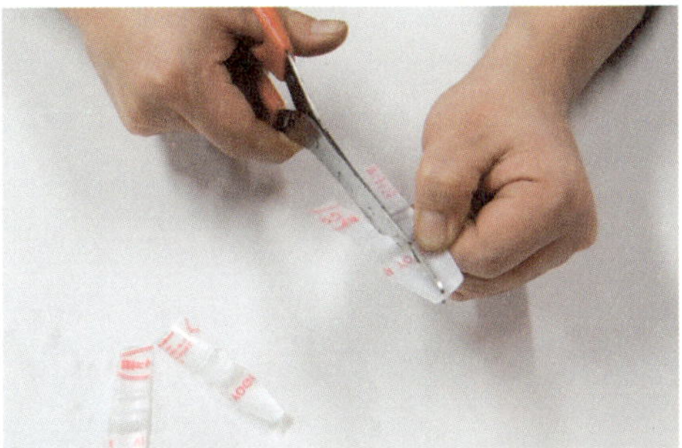

5) 다리 만들기 : 요구르트병을 반으로 자르고 다시 반을 잘라서 1/4 크기로 만든 후 다듬어 준다.

6) 4등분된 조각을 S자 모양으로 접어 개구리 다리모양을 만든다.

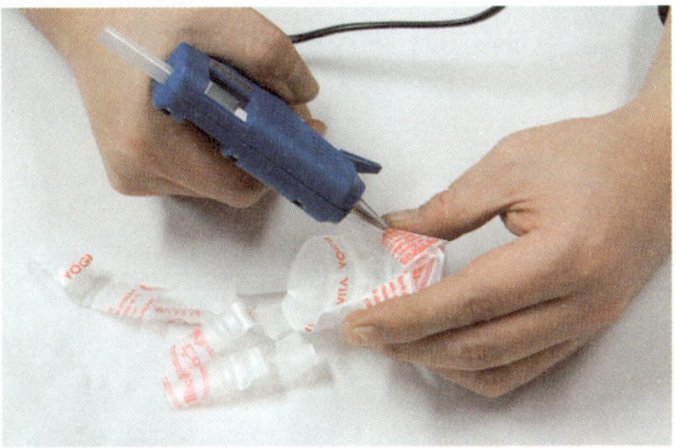

7) 몸통을 뒤집어서 다리 붙이는 부분에 글루건을 바른다.

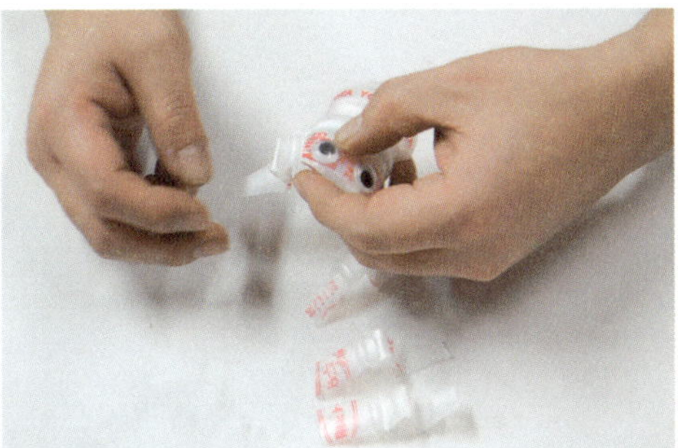

8) 앞 뒤 다리를 글루건을 이용하여 몸체에 붙인다.

9) 뾰족하게 튀어 나온 부분들을 정리하며 마무리 한다.

작은 일부터 시작해요

"한솔아, 어서 일어나. 학교 안 갈 거니?"

"히잉, 조금만 더 자구요."

한솔이네 엄마는 이불을 돌돌 말고 자고 있는 한솔이를 흔들어 깨우셨습니다. 그러나 한솔이는 몸을 동글게 오그리며 자꾸만 이불 속으로 기어 들어갔습니다.

"더 자려면 시계 보고 더 자. 지금이 몇 시인데 그러니?"

엄마는 한솔이가 덮고 있는 이불을 홱 낚아채셨습니다. 한솔이는 이불 끝자락을 잡고 있다가 간신히 눈을 뜨고 시계를 보았습니다.

"히익, 벌써 시간이 저렇게 됐어요?"

한솔이는 눈을 번쩍 뜨고 일어나서 부랴부랴 세수를 했습니다. 그리고는 책가방도 제대로 매지 못한 채 학교를 향해 달렸습니다.

한솔이가 늦잠을 잔 건 어젯밤 늦게까지 독후감 숙제를 했기 때문이었습니다. 우농산 선생님께서는 《어린이가 지구를 구하는 길》 이라는 환경 도서를 읽고 독후감을 써오라고 하셨습니다.

"지구를 구하는 일이라고 하면 어렵게 생각하기 쉬운데, 결코 그렇지 않다. 환경이 파괴되어 가고 있는 지구를 살리는 데 가장 필요한 힘은 너희들과 같은 어린이들의 힘이다. 어떻게 살리느냐고? 그건 이 책을 보면 알 수 있다."

우농산 선생님의 말에 아이들의 표정에는 실망이 번져갔습니다. 재미있는 명작동화나 전래동화를 기대하고 있던 아이들에게 환경 글짓기가 신이 날 턱이 없었습니다.

"동화책 읽고 쓰는 독후감 숙제도 지겨운데, 환경책이 뭐람."

다른 아이들도 부운 입을 내밀며 투덜거렸습니다. 그때 장구가 밀이의 등을 툭툭 쳤습니다.

"왜?"

밀이는 못마땅한 표정으로 장구를 뒤돌아보았습니다.

"너 글짓기 잘 하니?"

장구는 밀이가 못마땅해하건 말건 상관이 없다는 듯이 태연하게 물었습니다.

"못 해."

밀이는 톡 쏘며 고개를 다시 돌려 버렸습니다.

"못 하면 관두고."

장구는 이번에는 한솔이의 등을 두드렸습니다. 한솔이가 뒤돌아보자마자 장구는 다짜고짜 말했습니다.

"너 글짓기 잘 하지? 내일 나 독후감 쓴 것 좀 보여줘."

장구는 말을 마치자 용건이 끝났다는 듯 뒤돌아서서 다른 아이들과 장난을 치기 시작했습니다. 한솔이는 어이가 없었습니다. 피식 웃음이 나오기도 했습니다. 사실 한솔이는 글짓기에 자신이 있었습니다. 그러나 독후감을 베껴 쓰게 할 수는 없었습니다.

《어린이가 지구를 구하는 길》에는 한솔이가 여지껏 알지 못했던 사실들도 많았습니다. 특히 일회용품으로 인한 오염은 정말 심각한 것이었습니다.

땅 속에 묻힌 유리병이 흙이 되기까지는 100만 년이 걸린다고 합니다. 그뿐만이 아닙니다. 종이기저귀가 흙이 되기까지는 500년이 걸리고, 비닐종이는 30년, 나무젓가락은 20년이라는 시간이 걸린다고 씌여 있었습니다.

한솔이는 일회용품을 쓰면서도 한 번도 이 쓰레기들이 어디로 갈까라는 생각은 해 본 적이 없었습니다. 땅 속에서 그렇게 오랜 시간 동안 남아 있게 되리라고는 상상도 하지 못했습니다. 더 무서운 건 그 일회용품들이 지구의 땅을 점점 썩게 만들고 있다는 사실이었습니다.

한솔이는 환경책을 읽고 느낀 점을 원고지에 꼼꼼히 적었습니다. 그래서 졸렸지만 뿌듯한 마음으로 어젯밤 잠자리에 들었던 것입니다. 깜박 늦잠을 자고 말았지만 가방 속에 들어 있는 독후감을 생각하니 마음은 가벼웠습니다.

한솔이는 헐레벌떡 달려가 가까스로 지각을 하기 바로 직전에 학교에 도착할 수 있었습니다.

"헥헥, 정각이다."

한솔이는 책가방을 책상 위에 내려놓으며 숨을 몰아쉬었습니다. 교실 안은 독후감 숙제를 하지 않은 아이들의 말소리로 떠들썩했습니다.

"야, 쓴 것 좀 보여 줘. 난 책도 안 읽었단 말이야."

종안이는 장미에게 조르고 있었습니다. 그러나 장미는 한심하다는 듯이 종안이를 쳐다보며 톡 쏘아붙였습니다.

"누가 읽지 말랬니? 다른 데 가서 알아봐."

종안이는 시무룩한 표정으로 서 있다가 다시 조그만 소리로 말했습니다.

"해 온 애들은 벌써 다른 애들 보여 줬대. 좀 보여줘."

그러나 장미는 들은 척도 하지 않고 책을 펼쳤습니다. 종안이는 장미의 등 뒤에 대고 입을 삐죽거렸습니다. 그 모습을 보고 있던 한솔이는 쿡 웃음이 터져 나왔습니다.

"좋은 일이라도 있나 보지?"

누군가 한솔이의 어깨를 툭 쳤습니다. 엄장구였습니다. 엄장구는 빙글빙글 웃으며 한솔이를 쳐다보았습니다.

"왜 그래?"

한솔이는 영문도 모른 채 장구를 따라 빙긋 웃으며 말했습니다.

"나한테 독후감 숙제한 거 보여 주기로 했잖아."

"난 그런 약속 한 적 없어."

한솔이는 눈을 깜박이며 말했습니다. 그러자 장구의 얼굴에서 빙글거리던 웃음이 사라졌습니다. 한솔이를 쳐다보는 장구의 눈에 힘이 들어갔습니다.

"내가 어제 분명히 말했잖아. 독후감 쓴 거 보여 달라고 말야."

"하지만 난 보여주겠다는 말 한 적 없는 걸."

한솔이는 태연하게 말했습니다. 치켜올라가는 장구의 눈이 무섭긴 했지만 한솔이는 잘못한 것도 없는데 굴복하기는 싫었습니다. 그때 복도에 나갔던 밀이가 교실 안으로 들어왔습니다.

"애들아, 선생님 오셔."

흩어져 있던 아이들이 모두 제자리로 가서 앉았습니다. 장구는 한솔이의 책상을 손가락으로 툭툭 두드리며 낮은 목소리로 힘주어 말했습니다.

"정한솔, 나중에 두고 보자."

장구는 한솔이를 한 번 노려본 뒤 뒷자리로 가서 앉았습니다. 그때 우농산 선생님께서 들어오셨습니다.

"한솔아, 장구가 너보고 뭐라고 한 거야?"

선생님께 인사를 하고 난 뒤 밀이가 조용히 물었습니다. 밀이의 얼굴에는 궁금증이 잔뜩 묻어 있었습니다.

"별 말 아니야. 그냥 독후감 숙제한 거 보여 달라고 해서 내가 싫다고 그런 거야."

한솔이는 걱정 말라는 듯 밀이에게 씩 웃어보였습니다.

"책은 다 읽었겠지? 이번 시간에는 《어린이가 지구를 구하는 길》을 읽고 난 각자의 느낌과 생각을 이야기해 보도록 한다."

우농산 선생님의 말씀에 아이들은 고개를 수그리고 앉아 서로의 눈치만 살폈습니다. 종안이는 다른 아이들보다도 더 고개를 푹 수그린 채 조그맣게 중얼거렸습니다.

"난 발표하는 게 정말 싫어. 게다가 책도 읽지 않았는데……."

교실 안은 조용해졌습니다. 책을 읽지 않은 아이들은 행여나 선생님이 자기들의 이름을 부를까 봐 가슴이 조마조마했고, 책을 읽어온 아이들은 서로의 눈치만 보고 있었습니다.

그때 밀이가 먼저 일어났습니다. 책상만 바라보고 있던 아이들의 눈이 슬그머니 밀이의 얼굴로 향했습니다.

"전 엄마가 냉장고 문을 자주 열면 전기세가 많이 나온다고 하셔도 잘 믿지 않았어요. 그런데 이 책을 읽고 난 뒤 냉장고 문을 열 때마다 얼마나 에너지가 많이 소비되는지를 알게 되었어요. 게다가 냉장고에서 프레온 가스가 나온다는 사실도 알게 되었구요."

"아하, 그렇구나."

종안이가 밀리의 말이 끝나자마자 고개를 끄덕이며 중얼거렸습니다.

"프레온 가스가 뭔데?"

스프레이
오존층
프레온 가스..
프레온 가스는
오존층을 파괴시키는
해로운 녀석이다

강순이가 종안이에게 조그만 소리로 물었습니다.

"프레온 가스가 뭐냐 하면, 그건……."

종안이는 대답을 하지 못 하고 눈만 끔뻑거렸습니다. 그러자 강순이는 흥하고 코방귀를 뀌었습니다.

"알지도 못하면서 괜히 아는 척 했구나?"

강순이의 말에 종안이는 우물쭈물하며 머리를 긁적였습니다. 그러자 우농산 선생님께서 프레온 가스에 대해 말씀해 주셨습니다.

"프레온 가스에 대해서 알려면 우선 오존층에 대해서 알아야 한다. 오존층은 태양으로부터 오는 해로운 광선을 차단해 주는 역할을 하지. 이 오존층이 없으면 피부암이 생기고, 생물도 잘 자랄 수가 없다. 그런데 이 중요한 오존층을 프레온이라는 아주 몹쓸 가스가 파괴시키고 있다. 이 프레온 가스는 머리를 모양낼 때 쓰는 스프레이나 무스, 냉장고 등에서 나오지. 우리가 모양을 내기 위해 사용하는 스프레이, 무스가 지구의 보호막이나 마찬가지인 오존층을 파괴한다는 사실을 잊어선 안 된다."

아이들은 서로 짝궁의 머리를 쳐다보았습니다. 헤어스프레이를 사용한 아이는 남자 아이보다도 여자 아이가 더 많았습니다.

헤어스프레이를 발라 앞머리를 살짝 빗어 올린 장미는 얼굴이 벌겋게 달아올라 있었습니다. 애써 태연한 척 하려 했지만 아이들의 눈초리가 모두 자기에게로 향하고 있는 것만 같았습니다.

'흥, 촌스럽게 머리를 늘어뜨리고 다니느니 헤어스프레이를 바르고 다니는 게 훨씬 낫지.'

장미는 혼자 속으로 중얼거리며 꼿꼿하게 고개를 세웠습니다. 장미는 밀이의 머리를 바라보았습니다. 밀이의 머리는 단발의 생머리였습니다. 길게 기른 밀이의 앞머리는 옆으로 빗어 내려 귀 뒤로 넘겨져 있었습니다.

'이 고장미가 저런 머리를 하고 다닐 수는 없지.'

장미는 헤어스프레이를 듬뿍 발라서 찰랑찰랑하고 윤기가 나는 머리칼을 자랑스럽게 쓰윽 넘겼습니다.

아이들이 서로의 머리를 보며 술렁대고 있을 때 한솔이가 일어났습니다.

"전 일회용 물건의 사용을 가장 심각하게 생각했어요. 우리가 도시락 반찬을 쌀 때 자주 쓰는 호일이나 랩이 땅 속에 파묻혀서 500년이 지나도록 쓰레기로 남아 있다는 걸 알고 정말 놀랐습니다. 지금 우리나라는 쓰레기 문제가 굉장히 심각하다고 들었어요. 게다가 분리수거도 제대로 이루어지지 않아서 더 문제라고 합니다."

"선생님, 분리수거를 왜 하는 거예요?"

종안이가 손을 번쩍 들고 질문을 했습니다. 괜히 아는 척을 해서 강순이에게 창피를 당하지 않겠다고 다짐한 것입니다.

"분리수거를 하게 되면, 우선 재활용할 수 있는 물건과 진짜 쓰레기가 구분될 수 있어서 좋지. 종이 같은 건 얼마든지 재생용지로 다시 만들어 낼 수 있으니까. 유리병과 알루미늄 캔 역시 마찬가지야. 분리수거를 하지 않고 이것을 한데 버리

장구는 웃으며 파고 있던 지우개를 슬그머니 책상 아래로 내렸습니다. 그러자 우농산 선생님은 장구의 팔을 들어 올려 지우개를 빼앗아 버리셨습니다.

“이름을 파느라 책상 위를 온통 어지렵혀놨군. 게다가 멀쩡한 지우개를 칼로 도려내 놓고. 지우개 역시 지구의 자원으로 만드는 거라는 걸 모르나? 바로 이래서 멀쩡한 물건이 쓰레기가 되는 거다.”

이 칼로 지우개를 열심히 파고 있었습니다. 지루한 수업 시간을 때우기엔 학용품에 칼로 이름 새기기만큼 좋은 게 없었습니다.

"아무리 봐도 멋있는 이름이란 말이야. 엄장구."

장구는 자신의 이름에 스스로 감탄해서 키득키득 웃었습니다. 그런데 갑자기 책상 위가 캄캄해지는 것 같았습니다. 장구는 천천히 고개를 들었습니다. 거기에는 우농산 선생님이 험악한 얼굴로 서 계셨습니다.

"헤헤."

장미의 깔끔한 성격은 엄마를 닮은 것이었습니다. 장미네 엄마는 머리카락 한 올이라도 떨어져 있는 걸 보면 그 자리에서 꼭 걸레로 훔쳐내곤 했습니다. 게다가 집 안에 좋은 향기가 나도록 방향제를 뿌리는 것도 잊지 않았습니다. 그러나 장미는 엄마가 방향제를 뿌린다는 말은 아이들 앞에서 할 수 없었습니다. 방향제가 환경에 악영향을 끼친다는 사실을 《어린이가 지구를 구하는 길》에서 처음으로 알았기 때문입니다.

"분리수거 외에도 환경을 되살리는 일은 얼마든지 많다. 무엇보다도 우리가 할 수 있는 일이 무엇일까를 찾아보는 게 중요하지. 단지 심각하다고 생각하는 데서만 그쳐 버린다면 그건 환경을 되살리는 데 아무런 도움이 되지 못한다. 우리는 배가 고프다고 생각하면 밥을 먹지? 그런데 그저 가만히 앉아서 아, 배가 고프다라고 생각만 한다면 어떻게 될까? 배는 계속 고프겠지. 생각이 배를 부르게 해줄 순 없으니까 말이다. 환경보호도 마찬가지다. 아, 정말 심각하구나라고 생각만 하고 있으면 환경은 계속 더럽혀지게 될 것이다. 우리가 행동으로 환경 보호를 해야 하는 거지."

우농산 선생님은 커다란 주먹을 불끈 쥐어 보이며 말씀하셨습니다. 그러나 장구는 우농산 선생님의 말씀에도 아랑곳없

게 되면 결국 쓰레기처리장에 가서 묻히거나 태워지게 되지."

우농산 선생님의 말에 장미가 눈을 반짝이며 자리에서 일어났습니다.

"저의 집에선 항상 분리수거를 해요. 저의 엄마는 절대 쓰레기를 이것저것 지저분하게 섞어서 버리지 않으세요. 마른 건 마른 것끼리 버리시고, 젖은 건 젖은 것끼리 모아서 버리세요. 대문 앞에다 쓰레기를 아무렇게나 쌓아둔 사람들을 정말 이해할 수가 없어요. 그런 사람들이 환경을 망치는 것 아닌가요?"

장미의 말투에는 은근한 자랑이 깃들어 있었습니다.

장구는 시무룩한 얼굴로 서 있었습니다. 지우개 하나로 지구의 자원까지 들추어내는 선생님을 도저히 이해할 수 없었습니다.

"장구는 벌로 오늘 복도 청소를 하기로 한다."

우농산 선생님은 이 말을 하고 장구의 자리를 떠나셨습니다. 장구의 얼굴은 일그러져 있었습니다.

"장구 외에도 학용품을 낭비하는 친구들이 많을 것이다. 우리는 알게 모르게 낭비를 하는 습관이 몸에 배어 있지. 자, 다들 책과 필통을 책상 위에 꺼내 보아라."

아이들은 영문을 몰라 하면서도 책과 필통을 책상 위에 올려놓았습니다.

"자, 자기의 책 표지를 보자. 어떤 포장지로 책을 쌌지?"

모두들 가지가지였습니다. 책표지를 싼 아이도 있었고, 싸지 않은 아이도 있었습니다. 장미의 책은 분홍색 얇은 종이로 싼 뒤 그 위에 비닐로 한 겹이 더 싸여져 있었습니다. 장미는 예쁘게 책을 싸야 공부도 잘 된다고 생각했습니다. 어떤 책은 종이 위에 예쁜 사진들을 끼워 넣고 비닐로 다시 싼 것도 있었습니다.

한솔이도 자기가 싼 책을 보았습니다. 한솔이의 책은 해가

지난 달력의 뒷면으로 쌌습니다. 한솔이도 다른 아이들처럼 문방구에서 파는 예쁜 비닐종이로 싸고 싶었지만 어머니가 달력 종이가 더 좋다며 철 지난 달력으로 싸주셨습니다. 아이들의 예쁜 책표지를 보자 한솔이는 달력으로 싼 자신의 책이 부끄럽게 느껴졌습니다.

"우리가 환경을 보살필 수 있는 방법은 아주 여러 가지다. 나무를 심거나 동식물을 보살펴 주는 일부터 종이 한 장, 비닐 한 장을 아껴 쓰는 일까지 모두 환경을 보살필 수 있는 길이지. 선생님이 보기엔 책을 포장지로 싸는 것도 우리가 한 번 생각해 봐야 할 문제같다. 우리가 보는 교과서의 겉표지는 얇은 종이와는 다르게 튼튼하고 두꺼운 종이로 만들어져 있다. 이런 종이는 여간해서 잘 찢어지지 않는다. 그러니까 조심을 해서 쓰기만 한다면 굳이 포장지로 싸지 않아도 된다. 이런 실천들이 모이고 모이게 되면 지구의 자원을 아끼는데 아주 큰 힘이 될거다."

여기저기서 아이들의 술렁거리는 소리가 들렸습니다.

"교과서를 싸지 말라구? 어떻게 책을 안 쌀 수가 있어?"

"난 아무리 조심해서 써도 찢어지던 걸."

몇몇 아이들은 우농산 선생님에게 들리라는 듯이 큰 소리로 말하기도 했습니다. 아이들의 목소리에는 불만이 묻어 있었습니다.

“꼭 싸고 싶은 사람은 달력으로 싸면 된다. 요즘엔 예쁜 포장지들이 많이 나와서 그걸로 책을 싸고 있지만 내가 어렸을 때만 해도 모두들 달력으로 책을 싸 갖고 다녔었지. 달력은 종이도 두껍고 빳빳하기 때문에 책 포장지로는 아주 좋다.”

장미는 새침해진 얼굴로 예쁜 포장지로 싼 자신의 책을 바라보았습니다. 달력으로 책을 싸다니, 장미는 상상도 할 수 없는 일이었습니다.

한솔이는 슬그머니 가리고 있던 달력으로 싼 책이 자랑스러웠습니다. 어머니 말씀대로 달력으로 싸길 잘 했다는 생각도 들었습니다. 한솔이의 얼굴에는 혼자만 아는 미소가 살며시 감돌았습니다.

폐품발명왕의 만들기 놀이(꽃삽)

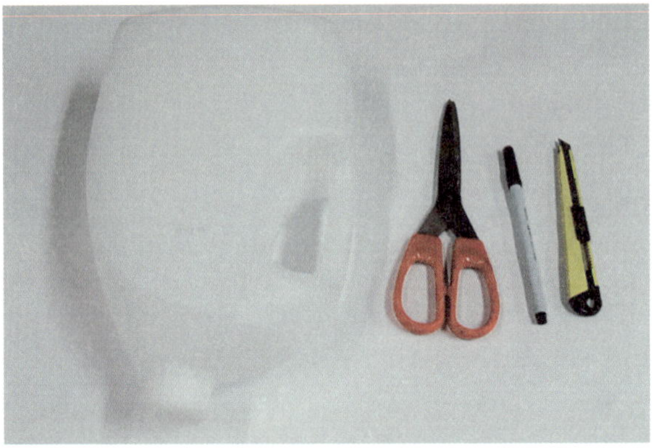

준비물 : 세제통 1개, 커터 칼, 가위,
유성매직 각 1개

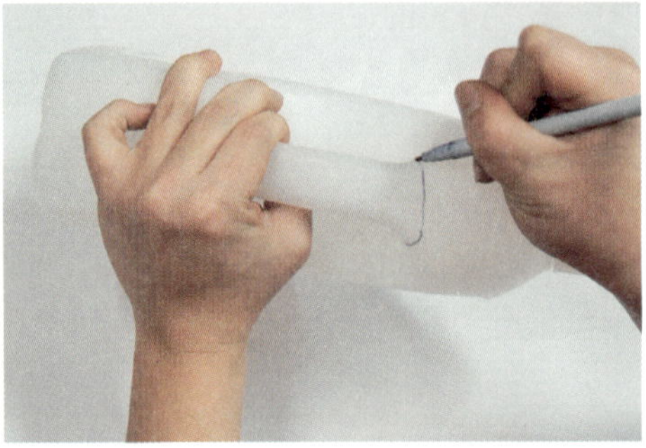

1) 세제통의 손잡이 부분이 꽃삽의 손잡이가 될수 있도록 펜으로 그린다.

2) 세제통 손잡이 아랫 부분이 꽃삽 머리가 될수 있도록 펜으로 그린다.

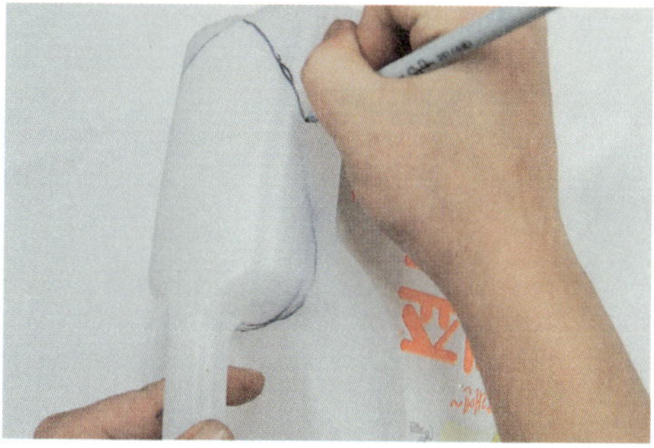

3) 삽 모양의 비율을 잘 맞춰서 그림을 그린다.

4) 커터 칼날을 한 칸 정도 만 이용하여 손이 다치는 것을 조심하면서 오려낸다.

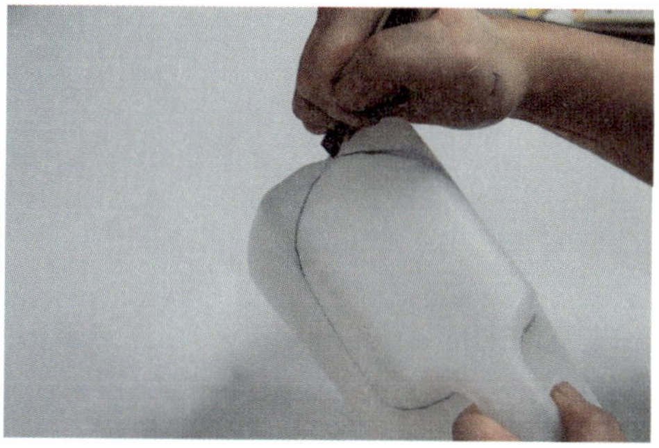

5) 미리 그려 놓은 밑 그림 선을 따라 조심히 오려낸다.

6) 어린이 혼자 작품을 만들게 하지 말고 어른이 위험한 부분을 도우주는 것이 좋다.

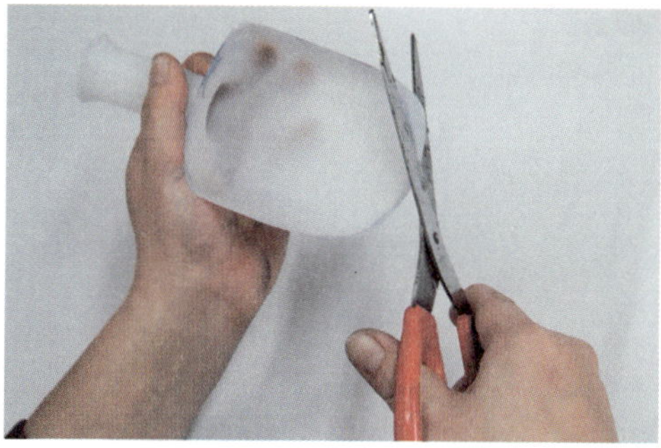

7) 오려낸 꽃삽을 가위를 이용하여 모양을 다듬는다.

9) 모양을 정리 하며 마무리 하면 완성 된다.

환경 다큐멘터리

"오늘은 즐거운 금요일이다. 수업도 오전밖에 없지."

우농산 선생님의 말에 아이들은 헤 벌어지는 입을 다물지 못했습니다.

금요일이 되면 아이들의 마음이 아침부터 붕붕 떠올랐습니다. 수업도 네 시간밖에 없는 데다가 그 중 한 시간은 학급회의 시간이었습니다. 그러니 정작 수업을 하는 시간은 세 시간밖에 되지 않는 것입니다. 세 시간쯤이야 금세 지나갔습니다.

"원래 오늘 셋째 시간인 체육 시간에는 뜀틀을 하기로 되어 있었는데 우리 반 대신 5반이 뜀틀을 사용하게 되었다. 그래서 오늘 체육 시간은 쉬게 되었다."

우농산 선생님의 말씀이 끝나기도 전에 아이들의 입에서 와아, 하는 함성이 터져 나왔습니다. 아이들은 책상을 두드리고 발을 구르며 좋아했습니다.

“선생님, 그럼 체육 시간에 운동장에서 야구 시합해요.”

종안이가 입이 함박만하게 벌어져서 말했습니다. 그러자 강순이가 종안이의 팔을 꼬집었습니다.

“그럼 여자애들은 구경만 해야 되잖아. 다 같이 할 수 있는 거 해야 돼.”

“너희도 야구해. 못 하면 응원하든지.”

종안이는 약을 올리듯 말했습니다. 그러자 강순이의 눈꼬리가 치켜 올라갔습니다. 종안이는 움찔 몸을 움츠렸습니다.

“알았어. 다른 거 하면 되잖아.”

여자아이들이 고소하다는 듯이 까르르 웃음을 터뜨렸습니다. 그러자 우농산 선생님께서 앞자리에 있는 책상을 탁탁 치셨습니다.

“야구도 좋고 응원도 좋지만 그보다 더 중요한 일이 있다.”

아이들은 웃음을 그치고 우농산 선생님을 바라보았습니다. 아이들의 얼굴에는 불안한 빛이 어렸습니다. 아무래도 더 중요한 일이라고 하는 걸 보니 뭔가 귀찮은 일일 것 같았습니다.

“체육 시간에 우리 반은 학교 주변을 청소하기로 했다. 내 학교를 깨끗이 하는 일이 야구를 하는 일보다 훨씬 중요하지.”

아이들의 표정이 점점 울상이 되었습니다. 특히 장구의 얼굴에는 불만이 가득했습니다.

"학교 주변 청소는 일주일마다 당번인 반이 돌아가면서 하잖아요. 그런데 저희 반이 또 한단 말예요?"

장구는 퉁명스러운 목소리로 물었습니다. 지우개를 도려내다 복도 청소까지 했던 장구는 이제 청소라는 말만 들어도 짜증이 났습니다.

"버려져 있는 쓰레기 때문에 학교 주변의 땅이 썩고 있다. 게다가 얼마든지 재활용이 가능한 깡통이나 유리병들도 버려져 있는데 그걸 내버려 둘 수야 없지. 청소는 대충대충 하는 게 아니라는 걸 우리가 직접 실천으로 보여 주는 거다."

그래도 아이들의 불만은 사라지지 않았습니다.

"매일 교실 청소를 하는데 학교 주변까지 청소를 해야 한단 말이야?"

"청소를 하느니 차라리 수업을 하는 게 낫겠다."

우농산 선생님이 나가시고 나자 아이들은 책상을 발로 툭툭 차며 투덜거렸습니다. 아이들의 입은 주먹만큼이나 튀어나와 있었습니다.

"우농산 선생님은 우리들 생각은 하나도 안 해 주시나 봐."

밀이가 작은 입을 뾰로통하게 내밀고 말했습니다. 한솔이도 체육 시간에 청소를 해야 한다는 게 짜증났습니다.

"야구나 축구를 하면 좋은 텐데."

아이들의 불만스러운 소리에 섞여 한솔이도 조그맣게 중얼거렸습니다.

두 시간의 수업이 끝나고 체육 시간이 되자 아이들은 축 처진 어깨로 우농산 선생님을 따라 나섰습니다.

"자, 우선 건물 입구에서부터 시작하자. 버려진 쓰레기를 줍는 거다. 그리고 유리병이나 알루미늄 캔, 건전지는 따로 모아놔라. 타는 쓰레기와 잘 타지 않는 쓰레기도 따로 구분해서 모아야 한다. 땅에 파묻혀 있는 비닐이 있으면 나한테 말해라. 너희들 힘으로 꺼내기에는 힘들 테니까 말이다."

우농산 선생님은 아이들에게 커다란 비닐봉지 몇 개를 나누어 주셨습니다. 각 비닐봉지에는 버려질 쓰레기들의 항목이 구분되어서 붙어 있었습니다.

"쓰레기를 그냥 맨 손으로 주우란 말이야? 지저분하게."

장미는 땅에 떨어져 있는 쓰레기들을 보며 얼굴을 찌푸렸습니다. 우농산 선생님은 벌써 저만치 가서 쓰레기를 줍고 계셨습니다.

다른 아이들은 우농산 선생님이 먼저 쓰레기를 줍는 걸 보자 마지못한 표정으로 느릿느릿 쓰레기를 주우러 갔습니다.

장구는 우농산 선생님이 가까이 다가오실 때에만 열심히 줍는 척을 하다가 선생님이 저만치로 가시면 금세 옆의 아이를 툭 치며 장난을 걸곤 했습니다.

"야야, 뭘 그렇게 줍냐? 금세 또 지저분해질 텐데."

장구는 과자 봉지를 주어서 비닐봉지에 집어넣고 있는 한솔이를 보며 이죽거렸습니다. 한솔이는 장구의 말투에 기분이 상했습니다.

"안 주우면 더 지저분해지잖아."

그러나 장구는 코웃음을 쳤습니다.

"칫, 언제부터 그렇게 열심히 쓰레기를 주웠다고. 누가 칭찬이라도 해줄까 봐 그러냐?"

"난 칭찬 받으려고 청소하는 거 아니야. 너처럼 청소도 안 하고 장난만 치는 것보다야 훨씬 낫지."

"뭐? 이게!"

한솔이의 말에 장구가 주먹을 불끈 쥐고 앞으로 다가왔습니다. 한솔이도 마음을 다잡으며 주먹을 쥐었습니다.

"너, 오늘 각오를 단단히 해야 될 거야. 나한테 겁도 없이 그런 말을 해?"

장구가 주먹 쥔 손으로 코를 한 번 쓰윽 문질렀습니다. 장구의 손이 휘익 앞으로 날아왔습니다. 한솔이는 얼른 몸을 숙여 장구의 주먹을 피했습니다.

"어쭈, 제법인데."

장구가 씨익 웃으며 말했습니다. 그때 아까부터 장구와 한솔이를 지켜보고 있던 여자아이들이 달려가 우농산 선생님을 모셔왔습니다. 우농산 선생님이 다가오시자 장구는 후다닥 주먹을 펴고 쓰레기를 줍는 척 했습니다. 한솔이는 그 자리에 그냥 엉거주춤 서 있었습니다.

"뭐야? 이 녀석들이 싸우려 했단 말이야?"

우농산 선생님께서는 눈을 부릅뜨고 한솔이와 장구를 쳐다보셨습니다. 그러자 여자아이들이 조심스럽게 고개를 끄덕였습니다. 장구는 여자아이들을 향해 인상을 써 보였습니다. 그러자 여자아이들은 재빨리 다른 아이들이 있는 곳으로 피해버렸습니다.

"엄장구! 쓰레기 줍는 척 하지 말고 이리 와."

장구가 느릿느릿 우농산 선생님 앞으로 다가왔습니다. 우농산 선생님은 장구와 한솔이를 마주 세웠습니다.

"쓰레기 주우랬지 누가 싸우라고 했나? 누가 먼저 싸움 걸었어?"

장구는 아무 대답도 하지 않았습니다. 한솔이의 마음속에서는 서로 다른 두 마음이 싸우고 있었습니다.

'내가 그런 말만 안 했어도 싸움은 하지 않았을 텐데. 아니야, 장구가 먼저 나한테 시비를 건 거야.'

한솔이는 서로 투닥거리는 마음속의 이야기를 듣고 있다가 마음을 굳게 먹고 한 쪽을 택하기로 결정했습니다.

"제가 장구한테 먼저 말을 잘못했습니다."

한솔이가 용기를 내어 말했습니다. 그러나 생각과는 달리 목소리는 조그맣게밖에 나오지 않았습니다.

"뭐라구? 큰 소리로 말해 봐."

우농산 선생님의 말에 한솔이는 침을 꿀꺽 삼키고 크게 대답했습니다.

"네! 제가 먼저 잘못했습니다."

그러자 옆에 서 있던 장구가 갑자기 한솔이의 팔을 잡으며 불쑥 나섰습니다.

"사실은 제가 먼저 잘못했습니다. 제가 휴지를 줍고 있는 한솔이를 먼저 놀렸어요."

우농산 선생님의 눈썹이 치켜 올라갔습니다.

"누가 먼저 잘못을 했다는거야?"

"제가 먼저 했어요."

"아니에요. 제가 먼저 잘못했어요."

하하하…

우농산 선생님께서는 서로 먼저 잘못했다고 하는 한솔이와 장구를 한동안 쳐다보시더니 껄껄 웃으셨습니다. 한솔이와 장구는 눈을 동그랗게 뜨고 우농산 선생님을 바라보았습니다.

"녀석들, 서로 잘못했다고 하니 용서해 주마. 대신 청소 열심히 해야 한다."

우농산 선생님께서는 한솔이와 장구의 어깨를 툭툭 두드리시고는 쓰레기를 줍고 있는 아이들 쪽으로 걸어 가셨습니다.

"웬일이지? 난 또 복도 청소를 하거나 교실 청소를 해야 되는 줄 알았는데."

장구가 안심한 표정으로 피식 웃으며 말했습니다.

"헤헤, 나도."

한솔이도 머리를 긁적이며 빙긋이 웃었습니다. 둘은 서로를 쳐다보자 괜시리 자꾸 웃음이 나왔습니다.

"그런 말 해서 미안해."

한솔이가 먼저 쑥스러운 듯 말했습니다. 그러자 장구가 한솔이의 팔을 툭 쳤습니다.

"뭐가 미안하냐? 청소나 하자. 청소 열심히 하기로 선생님하고 약속했잖아."

"그래."

한솔이와 장구는 아이들이 청소를 하고 있는 곳으로 나란히 걸어갔습니다. 한솔이는 웬지 장구와의 사이가 좋아질 수 있을 것만 같았습니다.

"야, 많이 주웠냐?"

장구가 종안이의 어깨를 치며 물었습니다.

"열심히 주워. 이거 하나면 하루 용돈은 될걸!"

장구는 종안이가 들고 있는 고철을 가리켰습니다. 그리고 저만치로 가서 흙 사이에 끼어 있는 비닐을 끄집어냈습니다. 종안이는 이상하다는 듯이 눈을 꿈벅이며 장구를 쳐다보고 있다가 한솔이에게 물었습니다.

"장구, 재 왜 저래?"

"그럴 일이 있어."

한솔이는 빙긋 웃으며 애매하게 말해 주었습니다. 종안이는 알 수 없다는 표정을 지으며 고개를 갸웃거렸습니다.

청소가 끝나자 아이들은 우농산 선생님과 함께 교실로 들어왔습니다. 아이들이 들고 있는 비닐봉지에는 쓰레기가 가득가득 채워져 있었습니다.

장미는 청소가 끝나자마자 수돗가로 달려갔습니다. 차가운 물이 콸콸 쏟아지는 수돗물에 손을 구석구석 씻어도 기분이 나아지지 않았습니다. 아직도 쓰레기의 지저분한 물질이 손에 남아 있는 것만 같았습니다.

"에이. 다신 쓰레기 따윈 줍지 않을 거야."

장미는 손의 물기를 털어 내며 중얼거렸습니다.

우농산 선생님은 아이들이 주운 고철과 폐지를 학교 밑에 있는 고물상에 가져다 팔기로 했습니다. 고철과 폐지를 고물상에 판다는 말에 아이들은 환호성을 지르며 좋아했습니다. 쓰레기를 주운 게 헛일을 한 것만은 아닌 것 같았습니다. 고철과 폐지를 판 돈은 얼마 되지 않았지만 모아 두었다가 나중에 학급일에 쓰기로 했습니다.

"오늘 주번이 누구지? 그래, 나랑 같이 좀 수고할 일이 있다."

우농산 선생님은 주번들과 함께 교실을 나가셨습니다.

"또 청소할 데가 있는 거 아닐까?"

강순이가 눈살을 찌푸리며 물었습니다.

"에이, 설마."

종안이가 강순이를 쳐다보며 미심쩍은 말투로 말했습니다. 그러자 강순이도 고개를 끄덕이며 안심하는 얼굴을 했습니다.

잠시 후 교실문이 열리고 주번들이 들어왔습니다. 주번들이 손에는 DVD가 들려져 있었습니다. 우농산 선생님은 뒤에 있는 모니터를 리모콘으로 켜셨습니다.

"와아, 영화 보는 시간이다."

종안이가 활짝 얼굴을 펴며 외쳤습니다. 다른 아이들도 몸을 바짝 책상에 붙이고 어서 영화가 켜지기를 기다렸습니다.

"무슨 영화 보는 거예요?"

강순이가 몸을 내밀며 기대에 찬 눈빛으로 물었습니다. 우농산 선생님은 교탁위에 리모콘을 내려놓으시고 말씀하셨습니다.

"환경 다큐멘터리다. 세계 여러 나라들의 환경 문제점과 극복을 잘 모여 주고 있는 내용이지."

"환경 다큐멘타리라구요?"

아이들이 입을 모아 물었습니다. 아이들의 목소리는 실망으로 가득 차 있었습니다.

"한솔아, 환경 다큐멘타리래."

밀이가 한솔이를 보며 실망스런 목소리로 말했습니다. 한솔이도 DVD를 보며 부풀었던 마음이 피식 가라앉는 것 같았습니다.

"자자, 내 말을 들어 봐라. 이 환경 다큐멘타리는 너희들이

좋아하는 만화영화처럼 재미있지는 않지만 그보다 더 유익한 것을 우리에게 알려 줄 것이다. 이 내용을 보게 되면 너희들은 지구의 환경이 얼마나 심각한지, 어째서 우리가 환경을 보호해야 하는지를 조금은 이해하게 될 거다. 잘 안 보이는 사람은 의자를 가지고 나와서 앞자리에서 보도록 해라. 그래야 더 잘 보일 테니까."

뒷자리에 앉아 있던 아이들이 앞으로 나왔습니다.

"이 영상은 세계 각국 나라들의 환경이 어떻게 오염되어 있었는지를 보여 주고, 또 그것을 어떻게 되살려 냈는지를 보여 주고 있다. 이 비디오에 나와 있는 나라는 영국, 캐나다, 호주, 네덜란드이다. 우선 영국의 경우를 보자."

우농산 선생님이 영상을 틀자 영국의 시가지 모습이 화면에 비춰졌습니다. 집들마다 굴뚝이 달려 있고 도심지의 큰 건물들과 동상은 마치 검정 물감을 칠해 놓은 듯이 더러웠습니다.

"영국이 저렇게 지저분해요?"

아이들이 얼굴을 찌푸리며 물었습니다. 깨끗하고 멋있을 거라고 생각했던 상상 속의 영국과는 너무나 거리가 먼 모습이었습니다.

"저건 약 60년 전의 영국의 모습이다. 저 당시 영국은 집집마다 석탄을 때고 있었지. 영국은 세계 굴지의 석탄자원을 가지고 있단다. 저 당시 영국의 에너지 소비량은 석탄으로 칠 때 무려 2억7천3백만 톤이었지. 이 양은 프랑스나 일본의 소비량에 비해 2배에 가까운 엄청난 양이다."

아이들은 계속해서 비추어지는 영국의 오염된 모습에 놀라 모두들 입을 벌렸습니다. 특히 매연으로 인해 새까매진 동상의 모습은 정말 심각해 보였습니다. 형체만 겨우 알아볼 수가 있을 뿐 코나 입 등은 도무지 구별할 수가 없었습니다.

"영국의 경우는 대기 오염이 가장 심각했을 때가 1952년에 일어난 스모그 참사이다. 영국의 엄청난 에너지 소비량이 스모그 참사를 일으킨 것이다. 석탄을 많이 땔수록 대기 오염은 심각해지게 되지. 그 스모그 참사는 지금껏 있어 온 스모그 중에서 가장 심각한 피해를 주었다. 그 스모그로 이해 사망한 사람의 숫자는 무려 8,000명이나 된다."

8,000명이라는 숫자에 아이들의 입에서 놀란 소리가 터져 나왔습니다.

"스모그가 그렇게 무서운 거야?"

밀이도 놀란 입을 다물지 못했습니다.

“이 스모그 참사가 있고 난 후로 영국에서는 대기 오염의 대책을 마련하게 되었지. 매연을 감소시키고 석탄으로 쓰던 연료를 전기나 가스로 바꾸었단다. 영국 정부에서도 많은 노력을 했지만 시민들의 노력도 이만저만이 아니었지. 몇십 년 동안을 그렇게 노력한 결과 30년 만에 영국 런던시의 90% 이상이 무연 지역으로 바뀌게 되었다. 그리고 대기 오염을 만들어 내는 아황산가스도 70%나 감소하게 되었지.”

화면에서는 깨끗해진 영국 시내의 모습을 비추어 주고 있었습니다. 겨우 형체를 알아볼 수 있던 새까만 동상도 말끔해져 있었습니다. 대리석으로 된 건물은 내리쬐는 햇살을 받아 하얗게 빛났습니다.

찡그리고 있던 아이들의 얼굴도 다시 환한 빛을 되찾았습니다.

"저것 좀 봐라. 영국이 다시 깨끗해지게 만든 건 다른 사람들의 노력 때문이 아니라, 바로 영국 시민 한 사람 한 사람의 힘이다."

모니터의 화면은 이제 길고 넓은 강을 비추고 있었습니다.

"저건 어떤 강이에요?"

앞자리에 앉아 있던 아이가 물었습니다.

"저건 영국의 유명한 템즈강이다. 이 강은 길이가 345킬로미터일 정도 큰 강이다. 그런데 이 강이 한때는 매우 심각하게 오염되어 있었지. 1861년 영국의 앨버트 왕자가 오염된 물을 마시고 사망한 일이 있을 정도로 그 오염도는 심각했었다."

"왕자님이 오염된 물을 먹고 죽었어요?"

강순이가 애처로운 듯한 목소리로 불쑥 끼어들었습니다. 다른 여자아이들의 표정도 강순이의 얼굴처럼 슬픈 빛을 띠고 있었습니다. 남자아이들은 놀란 얼굴을 하고 있다가 여자아이들을 돌아보곤 입을 삐죽거렸습니다.

"그뿐만이 아니다. 1856년에는 이 템즈강에 살고 있던 연어가 자취를 감추었고, 1930년에는 이 강에 살던 모든 물고기들이 자취를 감추어 버렸단다. 물이 썩고 악취가 심해 물고기들이 모두 죽게 된 거지."

"지금도 템즈강의 물이 썩고 있나요?"

한솔이의 물음에 우농산 선생님은 고개를 저으셨습니다.

"템즈강을 되살리기 위한 기나긴 노력을 한 끝에 마침내 1947년에 연어가 잡히게 되었단다. 이때의 영국 시민들의 기쁨이란 이루 말할 수가 없었겠지. 그리고 지금은 수 백여 종의 물고기들이 다시 맑아진 템즈강에서 살고 있단다."

"와아."

아이들은 감탄을 했습니다. 물고기가 모두 죽게 되었던 강에서 수 백여 종이나 되는 물고기들이 다시 살고 있다니 정말 다행이라는 생각이 들었습니다.

화면에서는 유람선이 유유히 떠다니는 템즈강이 나오고 있었습니다. 맑은 잔물결이 햇살에 반짝이며 흐르고 있었습니다. 저 맑은 강이 물고기들이 살지 못할 만큼 썩은 물이었다는 게 상상이 되지 않았습니다.

"물을 되살리기 위한 영국의 노력은 지금도 끊임없이 계속

되고 있지. 영국 사람들 한 사람 당 하루에 쓰는 물의 양은 158.5리터에 불과하단다. 이 양은 다른 나라 국민들이 사용하는 360리터의 절반도 안 되는 양이지. 영국 사람들은 이 158.5리터의 물로 식수에서 샤워까지 10가지의 용도로 사용하고 있다고 한다."

영상에서는 이제 영국의 환경 운동이 끝나고 캐나다의 환경 보전 운동에 대한 활동이 나오고 있었습니다.

"우리나라는 요즘 쓰레기 문제가 매우 심각하지. 쓰레기의 양이 너무 많기 때문이다. 캐나다 역시 몇 십년전 '쓰레기와의 전쟁'을 치렀었다. 그러나 캐나다의 쓰레기 없애기 계획은 우리나라보다 훨씬 구체적이고 활발하였지. 캐나다는 방출되는 쓰레기 양을 절반으로 줄인다는 목표를 세워었지. 이것은 정말 놀랄만한 목표였어. 이것을 위해 캐나다는 '4R'이라는 운동을 전개하였는데, 이 4R운동의 첫째는 '감소하자'(Reduce)이고, 둘째는 '재이용하자(Reuse)', 셋째는 '재활용하자'(Recycle) 그리고 넷째는 '회수하자'(Return)이지. 이 네가지 운동은 쓰레기를 줄이기 위해 가장 필요한 요소들이다. 캐나다에는 이 4R운동이 전 국민적으로 확산되어 있다."

모니터에 캐나다 시내의 거리에 늘어서 있는 분리수거함들

의 모습이 비추어졌습니다. 그 분리수거함 속에는 재활용을 할 수 있는 쓰레기와 할 수 없는 쓰레기들이 깨끗이 나뉘어져 있었습니다.

"우리도 오늘 분리수거했는데, 헤헤."

종안이가 기분이 좋은 듯 웃으며 말했습니다. 다른 아이들도 귀찮게만 생각했던 분리수거가 왜 필요한가를 알 것 같았습니다.

다음에 볼 나라는 호주였습니다. 한솔이가 알고 있는 호주는 캥거루가 넓은 잔디를 뛰어다니는 아름다운 나라였습니다.

그런데 이 호주가 불과 몇 십년 전에는 토양 때문에 많은 피해를 받었다는 것입니다.

"호주 전국에 있는 농토와 목장의 50%가 비바람과 강물로 인해 침식되었고, 이것으로 인한 경제적인 손실은 무려 해마다 5억 달러에 이르렀지. 게다가 호주에 정착한 백인들이 무분별하게 벌목을 하고 목축지를 조성하는 바람에 토양이 황폐해 지고 말았지. 그래서 부드럽던 호주의 땅이 점점 메마른 땅이 되어가는 사막화 현상이 일어 났었단다."

한솔이는 우농산 선생님의 말을 들으면서 왠지 속이 상했습니다. 아름답게 생각해 오던 호주를 사막처럼 만들어 놓은 사람들이 원망스럽기까지 했습니다.

"그래서 호주는 초등학생들을 통해 '토양 되살리기 운동'을 전개하였어. 이 '토양 되살리기' 운동의 가장 기본적인 것이 퇴비 만들기 이다. 학생들이 집에서 주방이나 정원의 쓰레기, 가축의 거름을 가지고 와서 자기들의 손으로 직접 퇴비를 만드는 거다. 이 퇴비 만들기 운동은 학교를 거쳐 농장이나 지역사회에까지도 확산되고 있다고 한다. 여기서 만들어지는 퇴비는 과수원이나 농경지에도 이용되지만 토양을 되살리는 데도 커다란 힘이 되었다고 한단다."

"와아, 퇴비를 직접 만들어요?"

아이들은 자기들 또래의 초등학생들이 직접 퇴비를 만든다는 것이 신기했습니다. 퇴비는 농촌에서나 만드는 것으로 생각했던 것입니다.

"어떻게 가축의 거름으로 퇴비를 만든담."

장미는 콧잔등을 찡그렸습니다. 마치 말로만 들어 본 퇴비의 고약한 냄새가 풍기는 것 같다는 표정이었습니다.

"호주에서 벌였던 또 하나의 운동은 '내 나무 갖기' 운동이다. 이 운동은 호주의 자연 보호 운동 가운데서 빼놓을 수 없는 식목운동이지. 백인들이 호주로 이주해 온 후로 호주는 원

시림의 50%가 황폐해지고 말았다. 이것은 백인들이 무분별하게 벌목과 개간을 했기 때문이었지. 그래서 호주 정부는 나무가 줄어드는 것을 막기 위해 1984년부터 '나무를 생각하고 나무를 가꾸자.' 라는 구호를 내걸었다. 그리고 한 사람 당 일 년에 두 그루의 나무를 나누어 주어서 그것을 심도록 했지. 지금 호주의 식목운동은 수십억 그루의 나무심기로 발전해 있단다." 아이들은 울창한 산림이 나오고 있는 영상을 바라보았습니다. 빽빽한 숲이 끝없이 이어져 있었습니다. 한솔이는 그 울창한 숲의 모습이 너무나 멋있고 아름답게 보였습니다.

"그러나 이런 나라들의 노력에도 불구하고 환경은 점점 파괴되어 가고 있단다. 지금 지구는 사람들의 무분별한 행동 때문에 병이 들어 있다. 아까 런던의 자료 화면에서 보았듯이 석유나 석탄을 태우면 대기가 오염되어 스모그 현상을 일으키게 된다. 그러나 지금의 문제는 스모그 현상이 아니라 산성비 때문이다. 석유나 석탄을 태우면 그 속에 들어 있는 오염물질이 섞인 수증기가 나중에는 비로 내리게 되는데 그것이 바로 산성비지. 이 산성비 때문에 유럽과 북미 등에서는 삼림이 훼손되고 호수에서 물고기가 사라지고 있다. 우리나라도 이 산성비로 인한 피해는 점점 커지고 있다."

우농산 선생님의 말씀에 밀이가 걱정스러운 목소리를 터뜨렸습니다. 갑작스레 튀어 나온 밀이의 목소리에 아이들이 모두 놀라 밀이를 돌아보았습니다.

"저희 집 베란다에 있는 채소가 얼마 전부터 자꾸 시들해져요. 거실에 두었을 때는 건강했는데 베란다로 옮기고 난 뒤부터는 이상해졌어요. 왜 그러는지 몰랐는데 선생님 말씀을 듣고 보니까 산성비 때문인 것 같아요. 그것도 모르고 자꾸 물만 주었었는데."

밀이는 우농산 선생님을 바라보며 여전히 걱정이 스민 목소리로 말했습니다.

"저희 집 정원 연못에 있는 금붕어들도 자꾸만 죽어요. 그것도 산성비 때문인가 봐요."

산성비가 자연이나 생물에 미치는 피해를 들은 장미의 얼굴에도 놀란 기색이 역력했습니다. 가까운 주변에서도 환경오염으로 인한 피해가 일어나고 있다는 사실을 새삼 깨달은 것입니다.

"그래, 밀이와 장미의 말을 들어도 알 수 있듯이 환경오염은 우리 생활의 곳곳에서 일어나고 있다. 결코 우리와는 상관이 없는 이야기로 멀게 느껴서는 안 되지. 산성비만이 문제인 것은 아니다. 대기 오염도 아주 심각하지. 이 대기 오염은 특히 공업단지에서 심각해. 공장이 뿜어내는 매연 때문이지. 이 공업단지 근처의 오염은 매우 심각해서 농작물이 피해를 입을 뿐만 아니라, 그 근처의 주민들이 아예 다른 곳으로 이사를 가는 경우도 허다하다고 한다. 수질 오염의 경우도 마찬가지야. 수돗물은 도무지 그냥 마실 수 없을 정도로 오염되어 있다."

"저희 엄마는 끓인 물이나 정수기 물이 아니면 못 마시게 해요. 수돗물을 그냥 마시면 큰일난대요."

"저희는 약수터 물도 끓여 먹어요. 요즘엔 약수물도 많이 더러워졌대요."

물 이야기가 나오자 아이들이 생각났다는 듯이 서로 말을 꺼냈습니다. 지금까지는 왜 수돗물을 그냥 마셔서는 안 되는지에 대해 별다른 생각을 해보지 않았었는데 우농산 선생님의 말씀을 듣고 보니 그것이 수질오염 때문이라는 것을 알게 되었습니다.

"그래, 너희들도 알고 있겠지만 수돗물의 오염도는 아주 심각했단다. 우리나라 전국민의 90% 이상이 수돗물을 믿지 못하는 것으로 나타나 있지. 게다가 도시 사람들 중의 80%는 수돗물을 식수로 사용하고 있지 않다. 이건 아주 충격적인 문제다. 국민들 거의 대부분이 수돗물을 불신한다는 것은 곧 물의 오염도 그만큼 심각하다는 것을 알려 주는 문제거든."

화면에서는 한강의 모습이 비추어지고 있었습니다. 사람들의 눈에 잘 띄지 않는 구석진 곳의 강물은 아이들의 눈을 찡그리게 할 정도로 오염되어 있었습니다. 폐수로 인해 더러운 거품이 둥둥 떠 있었고 강기슭에는 배를 위로 향한 채 죽어 있는 물고기들이 눈에 띄었습니다.

"한강은 서울 시민들의 생명 줄기라고도 할 수 있다. 서울 시민이 마시는 모든 물은 결국 한강에서 나오기 때문이다. 지

금은 많이 좋아졌지만 불과 십 여년 전만해도 한강은 오염되어 있었고, 쓰레기 문제는 아주 심각한 상태에 이르러 있었지. 특히 사회가 사치와 과소비 풍조에 휩쓸리게 되면서 쓰레기의 양은 무서울 정도로 늘어났었단다. 우리나라의 일인당 쓰레기 양이 선진국의 두 배나 되었었다는 것은 놀랄만한 일이다. 농약 오염의 경우도 우리나라의 농약 사용량이 세계 최고 수준에 달했었다고 하는구나. 해마다 수 많은 농민들이 농약 중독으로 힘들어 하였다"

한솔이는 시골에 계시는 할머니와 할아버지가 생각났습니

다. 할머니와 할아버지는 젊었을 적부터 농사를 지으셨다고 합니다. 그래서인지 두 분의 얼굴에는 유난히 주름살이 많으셨습니다. 게다가 농약을 뿌리고 난 다음이면 기침을 심하게 하신다고 합니다.

한솔이는 우농산 선생님의 말씀을 듣자 덜컥 겁이 났습니다. 할머니와 할아버지의 기침도 농약 중독 때문이 아닌가 하는 생각까지 들었습니다.

'혹시 할머니와 할아버지도 농약 중독으로…….'

한솔이는 얼른 고개를 내저었습니다. 한솔이를 유난히 귀여워해 주시는 할머니와 할아버지가 농약 중독에 걸리신다는 건 생각만 해도 끔찍한 일이었습니다.

"환경을 다시 되살리는 데 있어 가장 중요한 것은 이것이 우리 자신들의 일이라고 생각하는 것이다. 나와는 먼 이야기다라고 생각하고 무관심하게 내버려두면 환경은 점점 파손되어서 나중엔 손을 쓰고 싶어도 쓸 수 없는 상황에까지 이르게 될 것이다."

"그럼 어떡하죠?"

한솔이의 입에서 놀란 소리와 함께 터져 나온 말이었습니다. 영상에서 보았던 영국의 스모그나, 시커멓게 변해버린 템즈강 가에 죽어 있던 물고기들의 모습이 떠올랐습니다. 우리나라가 그보다도 더 오염이 된다는 것은 상상할 수가 없었습니다.

"방법은 단 하나다. 국민 모두가 힘을 합치는 거지. 거기에는 우리의힘도 커다란 몫을 차지할 수 있다."

우농산 선생님이 아이들을 둘러보시며 주먹을 꽉 쥐어 보이셨습니다. 아이들도 또랑또랑한 눈빛으로 고 개를 끄덕였습니다.

환경 다큐멘터리는 이미 끝나 있었지만 아이들의 머릿속에는 화면에서 보았던 시커먼 하늘과 나무가 잘리워져 나간 밋밋한 산이 계속 펼쳐지고 있었습니다.

"하지만 우리가 하늘을 맑게 되살리거나 벌거숭이 산에다 나무를 빽빽이 심어 울창하게 만들 수는 없잖아요. 게다가 우린 석탄도 때지 않고, 강에다 나쁜 물질을 버리지도 않는 걸요."

장미가 오똑한 코를 찡그리며 말했습니다. 장미는 환경을 더럽히지도 않은 자기가 왜 환경을 되살리기 위해 애써야 하는지 알 수 없었습니다. 환경을 되살려야 한다면 그건 환경을 더럽힌 사람이 해야 한다고 생각했습니다.

"그래, 우리는 산에 있는 나무들을 베지도 않고 강에다 폐수를 버리지도 않지. 하지만 생각해 보자. 장미는 머리를 뭘로 감지?"

"샴푸로 감지요. 그리고 헹굴 때는 린스도 해요."

장미는 반질반질 윤이 나는 머리를 한 손으로 쓸어내리며 대답했습니다. 장미는 뒷자리에 앉아 있는 아이들의 시선이 자신의 긴 생머리로 향해 있을 거라 생각하니 기분이 좋았습니다.

"그럼 장미도 환경을 오염시키고 있구나."

"네? 제가요?"

장미의 눈이 놀란 듯 동그랗게 커졌습니다. 좋았던 기분이 싹 사라져 버렸습니다.

"강을 오염시키고 있는 건 공장에서 버리는 폐수만이 아니야. 오히려 집에서 버리는 생활하수가 더 강을 오염시키고 있지. 엄마들이 설거지를 하면서 쓰는 세제도 강을 오염시키지만 우리가 머리 감을 때마다 쓰는 샴푸나 린스도 강을 오염시키는 커다란 주범이다. 그러니까 장미도 환경을 오염시키는 사람 중의 한 명이지."

장미의 얼굴이 화끈 달아올랐습니다. 장미는 쓰레기를 아무 곳에나 함부로 버린 적도 없었습니다. 깔끔하지 못한 걸 참지 못하는 장미가 아무 곳에나 쓰레기를 버릴 턱이 없었습니다. 장미는 그것 하나만으로도 자기는 환경을 더럽히지 않는 사람이라 생각했습니다. 샴푸와 린스를 쓰는 일마저도 환경을 파괴하는 일이라는 생각은 해본 적이 없었습니다.

"하지만 샴푸나 린스가 없으면 머리를 어떻게 감아요? 환경을 오염시키는 일이더라도 어쩔 수 없잖아요."

장미는 약간 토라진 목소리로 말했습니다.

"글쎄, 정말 어쩔 수 없는 일일까? 왜냐하면 굳이 샴푸를 쓰지 않더라도 비누로 감을 수 있기 때문이지. 그리고 정 샴푸로 감고 싶으면 샴푸의 양을 줄여서 쓸 수 있지 않을까."

장미는 미처 샴푸의 양을 줄여서 쓸 생각은 해보지 않았기 때문에 아무런 말도 할 수가 없었습니다.

"우리가 알지 못하는 사이에 환경을 오염시키고 있는 건 샴푸나 린스만이 아니다. 수돗물을 함부로 쓰는 것도, 건전지를 휴지통에 함부로 버리는 것도 환경을 오염시키는 원인이 되지. 우리 4학년 3반 친구들은 우선 환경이 얼마나 오염되어 있는지를 더 알아보는 게 중요할 것 같다. 우리 주위의 것들부터 시작해서 말이다. 그러면 우리가 할 수 있는 일이 무엇인지도 스스로 알게 되겠지."

"어떻게 알아봐야 할까요?"

오랜만에 학급회의 시간을 졸지 않고 앉아 있던 장구가 번쩍 손을 들고 물었습니다. 장구의 목소리는 장미의 목소리와는 달리 힘이 가득 차 있었습니다. 심각해져 있던 교실 안에 갑자기 활기가 되살아나는 것 같았습니다.

"글쎄, 조를 짜서 조끼리 각자 다른 것을 알아보는 건 어떨까? 혼자서 알아볼 수 있다면 좋겠지만 아무래도 그건 좀 힘들 것 같다. 너희들 생각은 어떠냐?"

한솔이의 생각에도 조끼리 조사를 하는 것이 더 좋을 듯 했습니다. 밀이도 그게 좋은지 혼자서 고개를 끄덕이고 있었습니다.

"어때?"

아이들이 선뜻 대답을 하지 못하고 있자 우농산 선생님께서 다시 물으셨습니다.

"좋아요."

종안이가 큰 소리로 말했습니다. 그러자 다른 아이들도 종안이를 따라 외쳤습니다.

"좋아요."

우농산 선생님의 얼굴에 호탕한 웃음이 번졌습니다. 그러자 아이들도 우농산 선생님을 따라 헤헤 웃었습니다. 왠지 지금 이 순간은 우농산 선생님이 하나도 무서워 보이지 않았습니다. 아니, 어쩌면 껄껄 웃고 계시는 저 모습이 우농산 선생님의 진짜 모습일 거라는 생각이 들었습니다.

"그럼 번호순으로 조를 나누는 것이 좋겠구나. 8명 정도씩 짜면 알맞을 것 같지?"

종안이는 강순이와 같은 조가 되었습니다.

"어휴, 번호가 강순이한테서 걸릴 게 뭐람."

종안이는 고집 센 강순이와 같은 조가 된 것이 걱정이었습니다. 강순이는 종안이의 말에 좁은 눈을 가재처럼 흘기며 종안이를 째려보았습니다. 종안이는 강순이의 눈을 슬금슬금 피하며 입을 삐죽거렸습니다.

장구와 같은 조가 된 밀이는 속이 상했습니다. 장구보다는 한솔이와 같은 조가 되고 싶었던것입니다.

그것은 장미와 같은 조가 된 한솔이도 마찬가지였습니다.

새침한 장미보다는 밀이와 같은 조가 되길 더 바랬던 것입니다. 그러나 한솔이는 아쉽긴 했지만 그런 마음은 얼른 지워버리고, 장미와도 친구가 된다면 좋을 거라고 생각했습니다.

종안이와 강순이네 조의 이름은 푸른 지구를 만들자는 의미에서 '푸르름' 으로 정했습니다. 밀이와 장구네 조의 이름은 '원시시대' 였습니다. '원시시대' 는 장구가 지은 조이름으로 원시시대 때처럼 지구가 오염 없는 깨끗한 곳으로 되길 바란다는 의미를 가지고 있었습니다. 한솔이와 장미가 있는 조의 이름은 '지구랑' 이었습니다. 무엇을 하든 지구와 같이 있다는 마음을 가지고 일하기 위해서 만든 이름이었습니다. 다른 아이들의 조 이름도 가지가지였습니다. 아이들은 서로 자기가 지은 이름으로 조 이름을 정하겠다고 떼를 썼습니다.

"에헴, 누가 뭐래도 '원시시대' 라는 이름이 제일 멋있지."

장구가 점잖을 빼며 목에 힘을 주고 말했습니다. 그러자 종안이가 얼른 앞으로 나섰습니다.

"아니야! 푸르름 조가 제일 좋아."

"애들처럼 푸르름 조가 뭐냐? '원시시대' 정도는 돼야지."

장구는 자기가 지은 이름이 만족스러웠습니다. 종안이는 애들 조 이름 같다는 말에 입을 삐죽댔습니다.

"핏, 우리 조 이름이 제일 좋아."

종안이는 한 마디를 홱 던지더니 장구의 자리에서 얼른 비켜섰습니다. 장구가 당장이라도 사나운 얼굴로 으르릉 거리며 달려들 것 같았기 때문입니다. 그러나 장구는 종안이의 말을 들었는지 안 들었는지 종안이를 쳐다보며 피식 웃고만 있었습니다.

종안이는 경계하는 눈빛으로 장구를 쳐다보다가 아무런 반응이 없자 이상하다는 듯 고개를 갸웃거렸습니다.

우농산 선생님에 대한 오해가 없어진 장구는 종안이의 말에도 약이 오르지 않았습니다. 오히려 환경 조사를 한다는 일에 가슴이 부풀어 있었습니다. 학교에서 아이들과 함께 지루한 공부 외에 무언가를 할 수 있다는 게 신이 났던 것입니다.

한솔이는 우농산 선생님이 첫 시간에 하셨던 말씀이 떠올랐습니다. 선생님은 학교에서 배우는 공부 외에도 다른 중요한 것들이 많다고 말씀하셨었습니다. 그 중요한 일이란 지금부터 3반 아이들이 하게 될 지구 되살리기 운동이었습니다.

"그럼 우선 맨 앞번호의 푸르름 조부터 조사를 하도록 하자. 내 생각엔 지구의 건강에 앞서 우리의 건강을 먼저 살펴보아야 한다고 생각한다. 우리의 몸도 자꾸만 오염되어 가고 있다는 사실을 알고 있나?"

"우리의 몸이 오염되어 간다구요?"

종안이가 얼굴을 찡그리며 두 손으로 얼굴을 만져 보았습니다.

"그래, 우리가 아무것도 모르고 사 먹고 있는 가공식품들이 우리의 몸을 오염시키고 있지. 아이스크림, 청량음료, 햄, 소시지 등은 모두 가공식품이지. 이 가공식품의 주원료 속에는 우리 몸에 아주 나쁜 첨가 물질이 들어 있단다. 그 물질은 우리 몸속에서 없어지지 않고 계속 쌓여 있게 되지. 그러면서 우리 몸을 조금씩 오염시키는 거야."

푸르름 조 아이들은 의논 끝에 우농산 선생님의 말씀대로 가공식품 조사를 하기로 했습니다. 이곳저곳 돌아다니며 환경 조사를 하는 것보다는 슈퍼마켓을 돌아다니며 음료수나 아이스크림과 조사를 하는 게 훨씬 좋을 것 같아서였습니다.

군것질을 좋아하는 종안이는 학교가 끝나고 오후 내내 슈퍼마켓을 돌아다닐 수 있다는 사실에 벌써부터 신이 났습니다.

종안이는 가공식품의 해로운 점에 대해서는 까맣게 잊은 채 혼자 벙실벙실 웃었습니다.

폐품발명왕의 만들기 놀이(망원경)

준비물 : 불가리스병 2개, 커피용기 2개, 요구르트병 1개 색종이, 커터 칼,가위,글루건 각 1개

1) 상표를 제거한 불가리스병 2개에 색종이를 오려 붙인다.

2) 오려 붙인 불가리스 병의 완성된 모습.

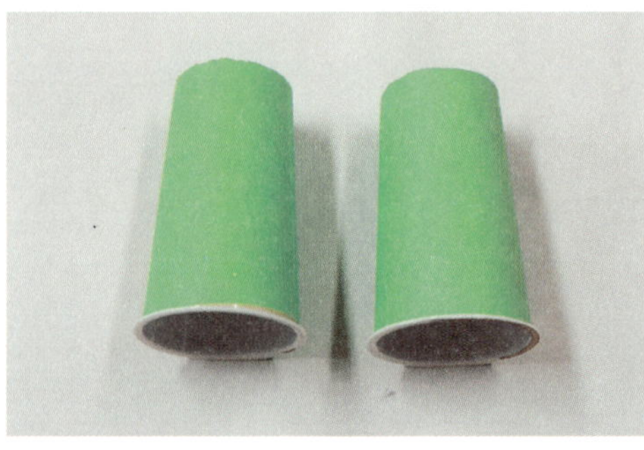

3) 커피 컵 또한 마찬가지로 색종이를 오려서 붙인다.

4) 커터칼을 이용하여 조심히 불가리스 병과 커피 컵 바닥을 동그랗게 오려낸다.

5) 동그랗게 오려낸 모습.

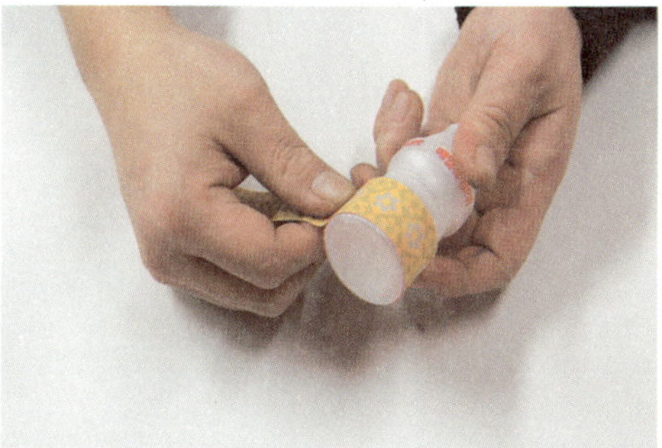

6) 요구르트병에 색종이를 오려서 붙인다.

7) 글루건을 이용하여 그림과 같이 커피 컵 과 불가리스병을 붙인다.

8) 글루건을 이용하여 만들어 놓은 부품들을 모두 붙인다.

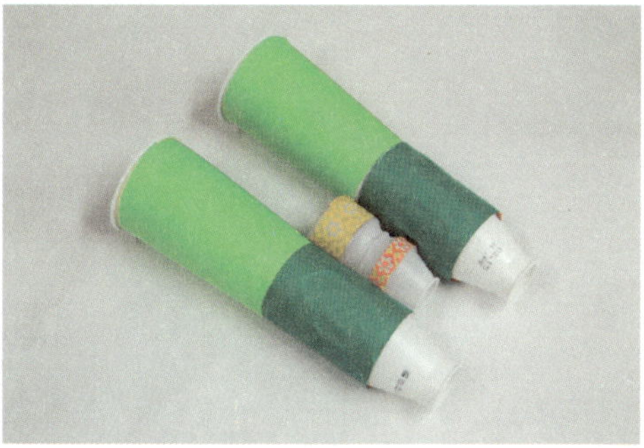

9) 완성된 망원경 장난감 모습.

푸르름 조의 가공식품 조사

월요일이 되자 종안이는 쩔그럭 쩔그럭 소리가 나는 주머니를 아침부터 계속 만지작거렸습니다. 주머니 속에는 슈퍼마켓에서 가공식품 조사를 할 때 아이스크림을 사 먹을 동전이 여러 개 들어 있었습니다.

종안이의 머릿속에는 빨간 젤리가 총총 박힌 달콤한 아이스크림 생각이 가득했습니다.

'빨리 수업이 끝나고 조사하러 갔으면 좋겠다. 아, 맛있는 아이스크림.'

종안이는 꿀꺽 침이 넘어갔습니다.

수업이 끝나자 종안이는 싱글벙글 웃으며 어서 푸르름조 아이들과 함께 밖으로 나가기를 기다렸습니다. 그때 어떻게 조사해야 하는가를 가르쳐 주시던 우농산 선생님이 종안이를 쳐다보셨습니다.

"종안이는 오늘 조사하러 나가는 게 아주 신나나 보구나? 아까부터 계속 혼자 웃고 있는 걸 보니."

"네? 아, 아니에요."

종안이는 황급히 손을 내저었습니다.

"다시 한 번 말하지만 가공식품에는 우리 몸을 오염시키는 해로운 물질이 들어 있다. 날씨가 덥거나 먹고 싶다고 해서 조사를 하다 음료수나 아이스크림을 사 먹어 버리면 오늘 조사를 하는 의의가 없어져 버린다."

우농산 선생님은 아이들을 향해 말씀하시다가 슬그머니 종안이에게 눈길을 돌리셨습니다.

"그렇지?"

"……네에."

종안이는 조그맣게 기어드는 목소리로 대답했습니다. 마음 속의 생각을 우농산 선생님에게 들켜버린 기분이었습니다.

"강순아, 아까 선생님이 자꾸 나만 쳐다보시는 것 같지 않았니?"

종안이는 조사를 하러 슈퍼마켓으로 향하는 길에서 강순이에게 물었습니다.

"몰라. 왜?"

강순이는 퉁명스럽게 대답하고 종안이를 쳐다보았습니다. 종안이는 얼른 고개를 내저었습니다.

푸르름 조 아이들은 각자 두 명씩 나뉘어서 슈퍼마켓을 돌기로 했습니다. 강순이와 번호가 맞붙은 종안이는 다시 강순이와 같은 짝이 되었습니다.

날씨는 무척 더웠습니다. 햇볕이 머리 위로 쨍쨍 내리 쬐고 있었습니다. 종안이의 머릿속에는 다시 젤리가 박힌 아이스크

림이 떠올랐습니다.

"강순아, 덥지?"

아이스크림의 주요 성분을 적고 있는 강순이를 보며 종안이는 은근한 목소리로 말했습니다. 슈퍼마켓 안에는 아이스크림을 사러 온 아이들로 붐볐습니다.

"아깐 더웠는데 지금 괜찮아. 저기서 시원한 바람도 나오는걸."

강순이는 슈퍼마켓에 있는 에어컨을 가리켰습니다.

"난 그래도 더운데…… 우리 아이스크림 하나씩만 사먹자."

종안이가 머뭇거리며 말했습니다. 그리고는 큰 맘을 먹은 듯이 덧붙였습니다.

"내가 사 줄게."

강순이의 눈이 반짝 커졌습니다.

"정말? 그래, 애들 없을 때 하나씩만 먹자."

종안이는 학교에서부터 먹고 싶었던 아이스크림을 집어 들었습니다. 그리고는 무심코 포장의 뒷면의 주요 성분에 눈길을 주었습니다. 그곳에는 종안이가 처음 들어보는 이름이 적혀 있었습니다.

"합성 착색료가 뭐야?"

"합성 착색료? 모르겠는데?"

강순이는 고개를 저었습니다. 우농산 선생님의 말씀이 언뜻 떠오르긴 했지만 시원한 아이스크림의 맛에 그 생각쯤이야 금세 지워져 버리고 말았습니다.

강순이와 종안이는 주인 아줌마의 눈치를 보며 아이스크림의 주요 성분을 서둘러 적고 난 뒤 다른 슈퍼마켓으로 들어갔습니다. 그곳은 에어컨을 켜지 않는지 가게 안이 거리와 마찬가지로 더웠습니다.

"어휴, 더워."

강순이는 손부채를 만들어 땀을 식혔습니다. 종안이와 강순이는 음료수가 들어 있는 냉장고 앞으로 가서 그 안에 들어 있는 음료수의 주원료를 조사하기 시작했습니다. 주원료가 쓰여진 부분이 보이지 않는 음료수는 밖에 진열해 둔 음료수를 보고 적었습니다.

음료수의 주원료 역시 알지 못하는 이름의 원료가 많았습니다. 이성화당, 착향료, 액상과당 등 이제껏 한 번도 들어보지 못한 이름들이었습니다.

그때 갑자기 강순이가 종안이의 팔을 툭툭 쳤습니다.

"응?"

종안이는 음료수가 들은 냉장고 안을 들여다보다 강순이를 쳐다보았습니다. 강순이가 눈짓으로 가게 아줌마를 가리켰습니다. 아줌마는 곱지 않은 눈으로 종안이와 강순이를 바라보고 있었습니다. 종안이가 슬금슬금 음료수 냉장고에서 떨어졌습니다. 그러자 주인 아줌마의 날 선 목소리가 날아 왔습니다.

"그만큼 골랐으면 하나 사야지!"

강순이와 종안이는 움찔 놀라 얼떨결에 냉장고를 열고 그 안에서 얼른 음료수 하나를 꺼내 들었습니다. 콜라였습니다.

"이걸로 살게요."

강순이가 아줌마에게 콜라를 내밀고 계산을 했습니다.

"휴우, 조사도 맘 놓고 못 하잖아."

강순이가 슈퍼마켓 문을 나서며 말했습니다. 종안이도 아줌마 때문에 가슴이 뛰었지만 콜라를 마시게 된 건 좋았습니다. 종안이는 콜라의 톡 쏘는 맛이 좋았습니다. 엄마는 자꾸만 콜라가 몸에 안 좋다고 하시지만 종안이는 그 말이 하나도 무섭지 않았습니다.

"헤, 시원하다."

종안이는 콜라를 한입 가득 들이마셨습니다. 이가 빼석빼석했지만 더위가 싸악 가신 것만으로도 좋았습니다.

종안이와 강순이는 다른 슈퍼마켓에서도 아이스크림을 사 먹었습니다. 조사가 끝나고 집에 갈 때쯤이 되자 종안이의 주머니에서 쩔그럭거리던 동전은 하나도 남아 있지 않았습니다.

다음 날부터 푸르름 조 아이들은 각자 조사해 온 내용을 정리하기 시작했습니다. 청량음료에는 합성착색료, 향료, 인산 등의 물질이 많이 들어 있었습니다. 특히 얼음과자에는 색소가 많이 들어 있었습니다.

"이 중에서 내가 아는 건 색소 하나뿐이야. 다른 건 처음 들어보는 이름인데?"

"나도 그래. 햄에는 아질산나트륨이라는 물질이 들어 있는데 이것도 어떤 물질인지는 잘 모르겠어."

푸르름 조 아이들은 각자 조사해 온 보고서를 들고 거기에 적혀 있는 성분들을 보며 고개를 갸웃거렸습니다.

"우선은 우리들끼리 정리를 하고 내일 발표하기로 하자. 그러면 선생님께서 가르쳐주실 거야."

다음 날이 되자 푸르름 조 아이들은 각자 조사한 내용을 아이들 앞에서 발표했습니다. 아이들은 놀라는 기색 없이 푸르름 조 아이들의 발표를 듣고 있었습니다. 그건 직접 조사를 한 푸르름 조 아이들도 마찬가지였습니다.

"그래, 조사를 열심히 했구나."

푸르름 조 아이들의 발표가 끝나자 우농산 선생님이 말씀하셨습니다.

"음료수나 얼음과자의 주원료를 보면 합성색소라는 말이 자주 나오지. 이게 뭔 줄 아니? 음료수의 병을 보면 과일음료 몇 퍼센트(%)라는 말이 적혀 있다. 그런데 겨우 몇 퍼센트(%)의 과즙만이 섞여 있는데도 음료수의 과일 맛은 아주 강하다.

그러면 무엇이 그렇게 과일 맛을 강하게 내는 걸까? 그것이 바로 합성색소다. 이 합성색소는 인공으로 화학 물질에서 뽑아낸 거지. 천연 과일보다 냄새가 더 독하고 진하단다. 합성착색료는 색깔도 여러 가지여서 청색도 있고, 적색도 있고, 황색도 있다. 이 여러 색깔의 합성착색료는 우리 몸속에 들어가서 없어지지 않고 계속 쌓여 있게 되지. 이것이 결국에는 아주 위험한 병을 만든단다. 이 합성착색료를 계속해서 먹는다는 건 병을 일으키는 독을 먹는 거나 마찬가지다."

우농산 선생님은 아이들이 칠판에 적어 놓은 주성분을 가리키며 말씀하셨습니다. 그러나 종안이는 맛있는 음료수 속에 들어 있는 주원료가 그렇게 나쁜 물질이라는 게 믿어지지 않았습니다.

'그래도 맛있는데. 조금씩만 먹으면 괜찮을 거야.'

종안이는 속으로 중얼거렸습니다.

"햄의 주원료 중에서 아질산나트륨이라는 게 있지? 이건 발색제라고도 한다. 발색제는 음식의 색을 깨끗하게 하기 위해 넣는 화학물질이지. 그러면 왜 색을 깨끗하게 하기 위해 발색제를 넣는 걸까? 햄은 고기로 만들지. 엄마에게 물어보면 알겠지만 고기는 시간이 지나면 금세 썩고 붉은 색이 갈색으

햄장군! 불쌍하게 됐군!

로 변하게 되지. 바로 이것을 막기 위해서 발색제가 쓰이는 거다. 가공식품에 들어가는 나쁜 물질은 이것말고도 여러 가지가 있다. 너희들이 좋아하는 얼음과자에 거의 들어 있는 색소는 많이 먹으면 설사를 일으키게 되지. 이것은 결국 건강에 좋지 않다는 증거이다."

햄이 몸에 나쁘다는 말을 듣고 가장 놀란 것은 장구였습니다. 장구는 햄장군이라고 할 정도로 햄을 좋아했습니다. 점심시간마다 도시락 뚜껑을 들고 아이들이 싸 온 햄을 수거해 가서 아이들이 붙여준 별명이었습니다.

"헤헤, 햄장군 어떡하냐?"

종안이가 조그만 소리로 장구에게 말했습니다. 그러나 장구는 아무렇지도 않은 척 코방귀를 뀌었습니다.

"난 건강하니까 괜찮아. 발색제 따위에는 까딱없다구."

장구는 가슴을 펴고 말했습니다. 발색제 따위에 병이 걸린다면 그건 엄장구가 아니라는 생각을 했습니다.

"어느 책을 보니까 햄과 돼지고기를 가지고 어떤 것이 빨리 썩는지 비교해 보는 실험이 나왔더구나. 그런데 돼지고기는 이틀 만에 썩는 냄새가 나고 핏물이 흘렀다는 거다. 그런데 햄은 어떠냐? 한두 달 정도가 아니라 육 개월이 지나도 썩지 않는다. 심지어는 땅에 묻어도 썩지 않는 게 햄이다. 이게 바로 그 발색제 때문이지. 그 발색제가 그만큼 강하고 독하기 때문에 이틀 만에 썩어야 할 고기를 땅 속에서도 썩지 않게 하는 거란다."

장구는 그 말을 듣자 덜컥 겁이 났습니다. 간식으로도 먹을 만큼 좋아하던 햄이 지금은 생각만 해도 뱃속이 이상해지는 것 같았습니다.

"이렇게 말로만 설명을 듣는 것보단 우리가 직접 실험을 해 보는 게 더 좋을 것 같다. 너희들이 좋아하는 청량음료도 시험해 보기로 하자. 청량음료 속에 이빨을 넣고 이빨이 녹는지 안 녹는지 실험해 보는 거지. 실험은 이번 주 토요일 학급회의 시간이 적당하겠구나. 푸르름 조 친구들은 각자 청량음료를 종류가 다른 걸로 네 개 정도 가져오기로 하고 나머지 푸르름 조 친구들은 치과에 가서 이빨을 역시 네 개 정도 구해 오기로 하자. 의사 선생님께 우리가 하게 될 실험을 잘 말씀드리면 쉽게 구할 수 있을 거다. 자, 과연 이빨이 어떻게 될지 궁금하구나. 토요일이면 알 수 있겠지."

그날부터 3반 아이들에게는 이빨이 과연 어떻게 될 것인가가 가장 궁금한 일이 되었습니다. 장미는 분명히 이빨이 녹을 거라고 했습니다. 치과의사인 아버지에게서 들었다는 것입니다. 그러나 종안이와 강순이는 코웃음을 쳤습니다.

"칫, 어떻게 이빨이 녹니? 그럼 내 이빨은 벌써 다 녹았겠다."

"바보, 몇십 분 동안 계속 담그고 있어 봐. 녹나 안 녹나."

장미의 자신만만한 말에 종안이는 입을 벌리고 이를 활짝 내보였습니다.

"자, 봐 봐. 하나도 안 녹았지?"

멀찌감치서 종안이의 입 속을 들여다본 장미는 얼굴을 찌푸렸습니다. 종안이의 어금니가 잔뜩 썩어 있었던 것입니다.

"그러니까 충치가 그렇게 많지. 어금니가 새까맣다."

"아니야!"

종안이는 벌어진 입을 가리고 목소리를 높였습니다.

"애들한테 물어 봐. 애들도 다 봤어."

장미는 입을 삐죽거리며 자리로 돌아가버렸습니다. 종안이는 울상을 짓고 있다가 강순이에게 물었습니다.

"정말 내 어금니가 새까매?"

강순이는 미안한 듯한 웃음을 지으며 고개를 끄덕였습니다.

"새까맣진 않지만 정말 다 썩었어."

그 일이 있고 난 후로 종안이는 은근히 토요일 학급회의 시간이 다가오는 게 무서웠습니다. 콜라를 마시고 있는데 이빨이 몽땅 녹아버리는 꿈을 꾸기도 했습니다.

토요일 학급회의 시간이 되자 아이들은 이빨이 녹을 것인지 안 녹을 것인지 서로 목소리를 높이며 우겼습니다. 종안이는 기를 쓰고 안 녹을 거라고 우겼습니다. 꿈은 반대라는 말이

퐁당

맞아주기를 바랐습니다.

잠시 후, 우농산 선생님이 비커를 들고 들어오셨습니다. 비커 속에 청량음료를 넣고 이빨을 하나씩 집어넣는 동안 아이들은 눈을 말똥말똥 뜨고 비커 속에 가라앉는 이빨을 바라보았습니다.

십 분이 흘렀으나 비커 속의 이빨에는 별다른 변화가 없었습니다. 종안이는 조금씩 안심이 되었습니다.

'역시 꿈은 반대라니까. 이빨이 녹을 리가 없지.'

이십 분 정도의 시간이 흐르자 교실 안은 조금씩 소란스러워지기 시작했습니다. 아이들의 긴장도 조금씩 풀려나가고 있었습니다. 이빨이 녹지 않을 거라고 말했던 아이들은 그것 보라는 듯 자신만만한 웃음을 지었습니다.

그런데 이십 분이 지나고 나자 이빨뿌리가 조금씩 녹기 시작했습니다. 아이들은 놀란 눈으로 비커 속의 이빨을 지켜보았습니다. 종안이의 얼굴이 점점 울상이 되어 갔습니다. 삼십 분이 지나자 이빨뿌리가 완전히 없어지고 이빨에는 금이 가기 시작했습니다. 맨 처음 이빨이 갈라지기 시작한 건 콜라였습니다. 콜라에서 먼저 이빨이 갈라지기 시작하더니 뿌리가 점점 가늘어졌습니다.

"종안아, 우리 이빨도 저렇게 될까?"

강순이가 찌푸려진 얼굴로 종안이를 쳐다보며 물었습니다. 종안이는 울상이 된 얼굴을 더욱 찌푸렸습니다.

"청량음료를 먹었을 때 이빨이 버석거리는 이유가 바로 이거다. 이빨이 그만큼 좋지 않은 자극을 받았기 때문이지. 독성이 얼마나 강한지 보렴."

비커 속의 이빨들은 점점 커다란 금이 갔습니다.

"윽, 꼭 내 이빨이 갈라지는 것 같아."

이빨을 으드득 가는 아이도 있었습니다.

이빨의 금이 커지고 점점 녹아 들어가자 선생님은 비커를 책상 아래로 내려 놓으셨습니다.

"자, 이 정도로도 충분히 청량음료의 독성을 알았으리라고 생각한다. 이젠 청량음료를 마실 것인지, 마시지 않을 것인지는 여러분의 생각에 달렸다."

아이들은 한동안 찡그렸던 표정을 펴지 못했습니다.

종안이와 강순이는 주성분 조사를 하면서 마셨던 콜라가 자꾸만 떠올랐습니다. 그러자 자꾸자꾸 이빨이 버석거리는 것만 같았습니다.

폐품발명왕의 만들기 놀이(연필꽂이)

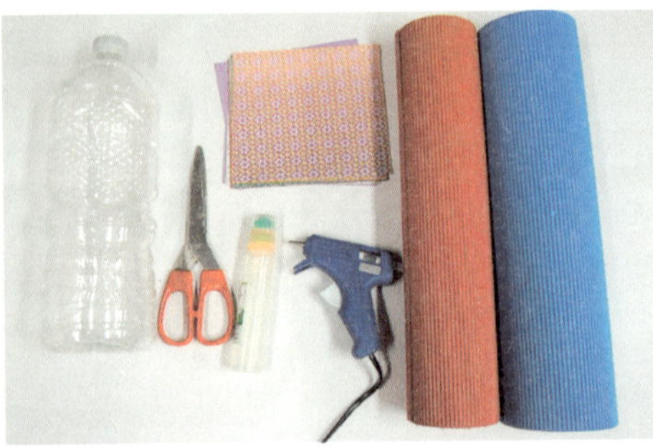

준비물 : 색종이, 컬러 골판지, 생수페트병 1개, 가위, 커터칼, 풀, 글루건 각 1개.

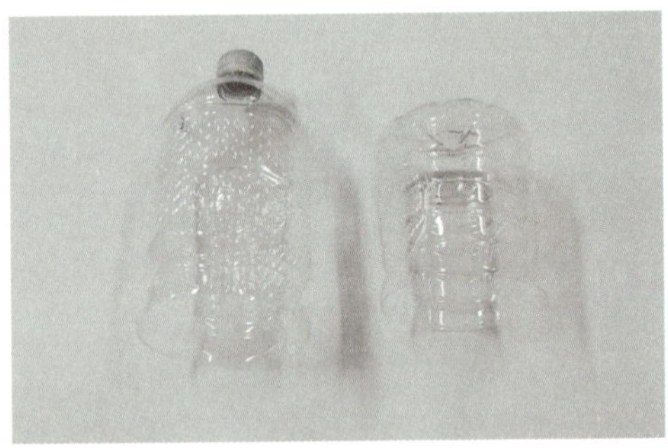

1) 페트병을 적당한 길이로 잘라낸 다음 다듬는다.

2) 색종이에 풀칠을 한다음 패트병에 붙인다.

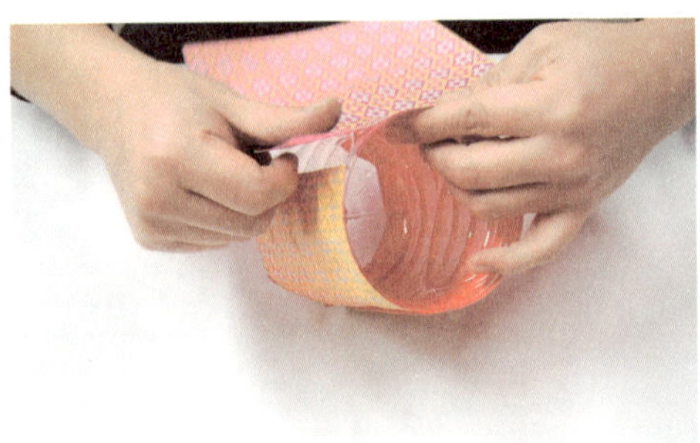

3) 다른쪽 면도 색종이를 붙혀 준다.

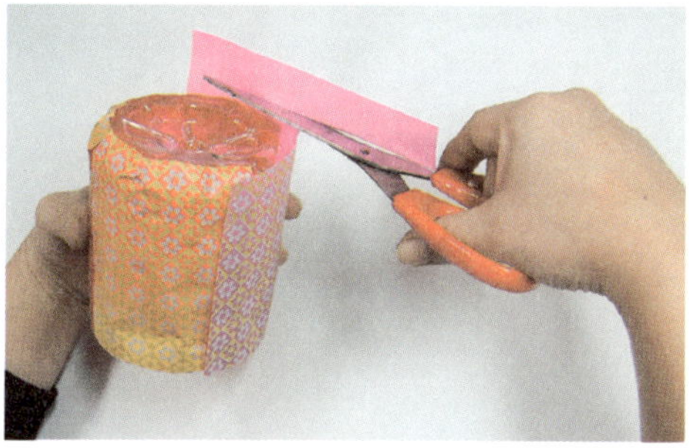

4) 패트병 밑부분의 색종이를 가위로 정리한다.

5) 사진과 같이 가위를 세워서 자른다음 밑부분을 깔끔하게 정리한다.

6) 색종이가 정리된 밑부분 사진.

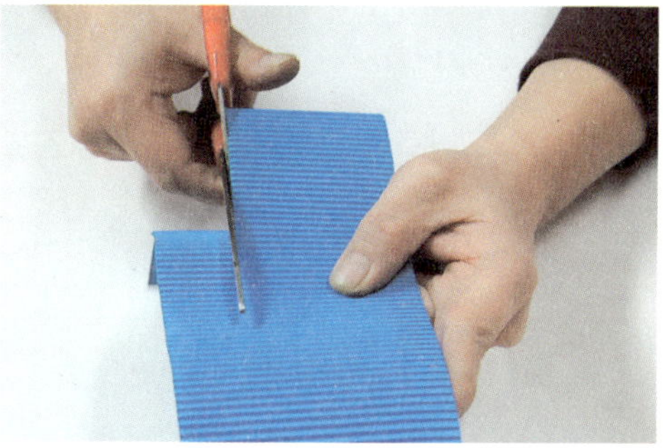

7) 컬러 골판지를 원하는 넓이로 잘라낸다.

8) 글루건을 이용하여 골판지를 패트병에 단단히 붙인다.

9) 완성된 연필꽂이의 모습.

원시시대조의 수질오염 조사

때르르릉!

오전 수업이 끝나는 종이 울리자 교실 안은 소란스러운 활기로 가득 찼습니다. 이곳저곳에서 도시락을 꺼내느라 달그락거리는 소리가 들렸습니다.

아이들은 서로 앞뒤로 돌아 앉아 도시락을 펼쳤습니다.

"장구야, 햄 수거 안 할 거야?"

장구의 맞은편에 앉은 아이가 배실배실 웃으며 물었습니다. 장구는 굳은 결심이라도 한 듯 김치를 쿡 찍어 입안으로 넣었습니다.

"난 이제 애들 햄 뺏어 먹지 않기로 했어. 내가 먹어줘 봤자 괜히 내 몸만 나빠지는 거잖아."

"우와, 진짜야?"

장구는 고개를 끄덕였습니다. 도시락 반찬으로 햄이나 소시지를 가져온 아이들이 부쩍 줄어 있었습니다. 어제 실험을 본 뒤로는 햄이나 음료수, 얼음과자 같은 가공한 식품을 먹고 싶은 마음이 좀처럼 생겨나지 않았습니다.

"에구에구, 저 녀석 이빨도 꽤나 고생하겠다."

도시락을 후딱 먹고 창문 밖을 바라보고 있던 종안이가 혼자 중얼거렸습니다. 그러자 강순이도 덩달아 밖을 내다보았습니다.

3학년쯤 되어 보이는 아이가 매점에서 나오는지 음료수를 마시며 운동장을 지나가고 있었습니다. 다른 때 같으면 침을 꼴깍 삼켰을 강순이도 종안이와 같은 생각이 들었습니다.

"재들도 이빨 녹는 실험을 봤어야 하는 건데."

강순이가 종안이의 옆에 서서 중얼거렸습니다. 그 옆에서는 지금 막 도시락을 비운 장미가 물통에 든 물을 마시고 있었습니다.

"어, 장미야. 나도 물 좀 줘."

장미는 물이 조금 남은 물통을 잠깐 보더니 종안이에게 내밀었습니다. 종안이는 헤헤 웃으며 얼른 물통을 받아 들었습니다.

"그 물 우리 집 정수기에서 빼 온 물이야. 물 맛도 굉장히 좋은 걸. 우리 집 정수기는 엄마가 백화점에서 산 독일제 정수기거든."

장미가 은근히 자랑이 깃든 목소리로 말했습니다.

"우와, 독일제 정수기? 그럼 물도 깨끗하겠다."

종안이는 물통의 물을 얼른 꿀꺽 마셨습니다. 그리고는 맛있다는 듯 고개를 끄덕였습니다. 그러자 옆에 서 있던 강순이가 코방귀를 뀌었습니다.

"흥, 독일제 정수기로 걸러 마시면 물도 독일제가 되냐?"

장미가 새침한 눈초리로 강순이를 쳐다보았습니다. 강순이는 장미의 눈초리를 본 척도 하지 않았습니다. 종안이는 안절부절하지 못하고 장미와 강순이를 번갈아 쳐다보았습니다. 장미가 종안이에게 손을 내밀었습니다.

"내 물통 줘."

종안이는 장미의 차가운 목소리

에 얼른 물통을 내밀었습니다.

"난 아무 말도 안 했는데."

"하여튼 네가 내 물을 달라고 해서 그런 거야."

종안이의 우물쭈물하는 말에 장미가 쏘아붙였습니다.

그러자 한솔이가 왜 그러냐는 눈짓으로 종안이를 쳐다보았습니다.

"장미가 독일제 정수기로 걸른 물을 가져왔다고 하니까 강순이가 뭐라고 그랬어."

"독일제 정수기?"

밀이가 눈을 동그랗게 뜨고 종안이에게 물었습니다.

"그래, 독일제 정수기, 우리 엄만 절대 오염된 물을 마시지 못하게 하시거든. 독일제 정수기는 물을 걸러 내는 곳도 촘촘하게 되어 있어서 아주 깨끗한 물을 마실 수 있대. 요즘 물은 너무 더러워서 좋은 정수기로 걸러 마셔야 한다고 하셨어."

장미는 새초롬한 표정으로 종안이 대신 말했습니다.

"우리 집은 그냥 끓여서 보리차로 마시는 걸. 끓여서 마시는게 소독도 되고 더 좋다고 들었어."

밀이가 눈을 깜박이며 말하자 장미는 다시 코방귀를 뀌었습니다.

"끓였다고 해서 물속에 들어 있는 세균이 다 죽었을 것 같니? 아주 좋은 정수기 정도는 되어야 나쁜 물질을 없애준다구."

밀이는 장미의 이죽거리는 태도가 얄미웠습니다.

"좋은 정수기는 꼭 외제여야 하니? 우리나라 물은 우리나라 정수기로 걸러 먹어야 되는 거 아니니?"

밀이가 쏘아붙이자 장미는 화가 났는지 얼굴이 벌개졌습니다.

"칫, 우리나라 정수기건 남의 나라 정수기건 좋으면 그만인 거 아니니? 남의 정수기가 어떻든 제가 무슨 상관이니?"

장미는 머리를 뒤로 휙 넘기며 교실을 나가버렸습니다. 그때 장구가 원시시대 조 아이들을 불러 모았습니다. 원시시대 조 아이들이 주위로 모여 들자 장구는 중대한 발표라도 하는 양 은밀한 목소리로 말했습니다.

"푸르름 조의 조사가 끝났는데 이제 우리 조가 뭔가를 보여줘야지. 선생님과 아이들이 깜짝 놀랄만한 걸로 말이야."

"그래, 어떤 게 있을까?"

"환경오염 중에서 사람들이 가장 관심을 가지고 있는 문제로 하자."

원시시대 조 아이들은 각자 알고 있는 환경오염의 이름을 하나씩 말했습니다. 대기오염, 쓰레기 문제, 삼림 파손 등 여러 가지 의견들이 나왔습니다. 그러나 밀이는 외제 정수기로 물을 걸러 먹는다던 장미의 말이 생각났습니다.

밀이는 수질오염에 대한 의견을 내놓았습니다.

"난 요즘 가장 심각한 게 바로 물이 오염된 거라고 생각해. 우리들만 해도 수돗물을 그냥 마신다는 걸 상상 할 수 없을 정도잖니? 게다가 요즘은 강물이 오염되어서 물고기들까지 죽어가고 있대."

밀이의 말에 대기오염, 쓰레기 문제를 외치던 아이들이 잠잠해졌습니다. 밀이의 말대로 아이들은 수돗물을 그냥 마신다는 걸 상상도 할 수 없었습니다.

"그래, 수질오염으로 하자."

다른 아이들이 찬성을 하자 장구가 못마땅한 표정을 지었습니다.

"그건 내가 먼저 생각해 놨던 건데 밀이가 먼저 말해버렸어."

장구가 투덜거리자 밀이가 어이없다는 듯 피식 웃었습니다. 장구는 여전히 불만스러운 얼굴이었습니다.

점심시간이 지나자 원시시대 조 아이들은 우농산 선생님에게 수질오염에 대해 조사하겠다고 말씀드렸습니다.

"잘 생각했다. 우리의 생명이나 마찬가지인 물이 오염되어 가는 걸 우리의 눈으로 직접 확인하는 일은 무척 중요하지. 그래서 우리 모두가 오염된 물로 인해 위협을 받고 있다는 걸 알게 될 테니까. 물이 깨끗해야 생물과 인간이 건강하게 사는데, 물이 이미 그 기능을 잃은 지가 오래 되었다. 그건 바로 우리들 때문이다. 우리가 쓰는 합성세제가 강을 오염시키는 주된 원인이니까 말이다."

"하지만 저희가 강 같은 곳에 가서 조사를 할 수는 없잖아요."

밀이의 말에 선생님은 곰곰이 생각을 하시더니 이렇게 제안하셨습니다.

"강에 가지 않고도 합성세제나 샴푸, 린스 등이 얼마나 강물을 오염시키는지 알아볼 수 있는 방법이 있다. 바로 실험을 통해서 알아보는 거지. 우리가 강으로 흘려보내는 생활하수가 얼마나 강을 오염시키고 정말로 물고기의 생명을 빼앗는지 알아보는 실험이다. 살아 있는 물고기를 가지고 실험을 한다는 것이 마음에 걸리긴 하지만, 이 실험을 통해서 우리가 환경 보존을 실천 할 수만 있다면 그건 더 좋은 일이겠지. 어때, 실험을 하는 게 좋지 않을까?"

“좋아요.”

원시시대 조 아이들이 크게 대답했습니다. 그러나 아이들 중에는 선뜻 대답을 하지 못하는 아이들도 있었습니다. 청량음료 속에서 이빨이 녹던 실험이 생각났기 때문입니다.

“선생님, 꼭 살아 있는 물고기로 해야 하나요?”

종안이가 내키지 않는다는 목소리로 물었습니다.

“물고기로 실험을 한다는 게 마음에 걸리는 모양이구나. 그

럼 이렇게 생각해 보자. 실험을 통해 합성세제가 물고기에서 어떤 영향을 미치는지를 알게 되었다고 하자. 그러면 그걸 보고 놀란 우리는 샴푸도 되도록 쓰지 않고, 엄마에게 세제를 쓰시지 말라고 말씀 드리겠지. 그러면 그 결과로 인해서 더욱 많은 물고기를 살릴 수가 있을 거다. 즉, 한 마리의물고기를 통해서 더 많은 물고기들을 살릴 수가 있는 거지."

"네."

종안이는 그제야 조그만 소리로 대답하며 고개를 끄덕였습니다.

"그럼 원시시대 조는 샴푸와 락스, 퐁퐁, 피죤을 가져오고 나머지 네 명은 금붕어를 한 마리씩 가져오기로 한다. 실험은 내일 학급회의 시간에 하도록 하자. 아, 맑은 물을 가져오는 것도 잊지 말아라. 금붕어를 맑은 물에 넣어주면 다시 살아날

수도 있으니까."

다음 날이 되자 아이들은 학급회의 시간이 기다려졌습니다.

장구는 밀이에게 다가와 자기가 가져온 빨간 금붕어를 자랑했습니다.

"내 금붕어 봐라. 굉장히 튼튼해 보이지? 밥도 아주 잘 먹어. 어젯밤에 금붕어 밥을 주었는데 금세 다 먹었어."

장구의 금붕어는 다른 아이들이 가져온 금붕어보다도 덩치가 더 컸습니다. 장구는 밀이가 가져온 분홍빛이 나는 금붕어가 든 비닐봉지를 들여다보았습니다.

"에이, 너무 비실비실해 보인다. 세제가 풀어진 물에 들어가면 얼마 견디지도 못하겠는데?"

밀이는 발끈 화가 나서 금붕어가 든 봉지를 얼른 자기 앞으로 잡아당겼습니다.

"아니야! 내 금붕어가 얼마나 튼튼한데."

장구는 빙글빙글 웃으며 까만 금붕어를 쳐다보았습니다.

"아무리 봐도 내 금붕어가 더 튼튼해 보인다."

밀이는 장구가 얄미웠습니다. 분홍 금붕어가 세제를 탄 물속에서 죽는다는 건 상상할 수 없었습니다.

드디어 학급회의 시간이 되자 우농산 선생님은 비커 네 개를 가지고 들어오셨습니다. 우농산 선생님은 비커 안에 들어 있는 물에 원시시대 조 아이들이 가져온 세제를 같은 양으로 섞었습니다.

"자, 이제 금붕어를 한 마리씩 넣어 보자."

원시시대 조 아이들은 세제가 섞여 흐려진 물에 자신의 금붕어를 넣고 싶지 않았습니다. 그러나 실험을 하기 위해서는 어쩔 수 없는 일이었습니다.

아이들은 금붕어를 조심스럽게 물속에 집어넣었습니다.

밀이도 한참 동안 분홍 금붕어를 쳐다보다가 샴푸가 섞인 비커 속에 금붕어를 넣었습니다. 장구의 금붕어는 락스가 섞인 비커 속에 들어가 있었습니다.

"자, 이제 금붕어들의 변화를 지켜보자."

아이들은 숨을 죽이고 금붕어를 지켜보았습니다. 특히 원시시대 조 아이들은 침을 삼킬 생각도 잊고 바짝 긴장을 해서 비커 속의 금붕어들을 지켜보았습니다.

2,3분 정도가 지나자 락스가 섞인 물속에 들어간 빨간 금붕어의 움직임이 점점 느려지더니 아가미에서 피가 터져 나왔습니다. 장구는 주먹을 꼭 쥐며 안타까운 눈으로 금붕어를 바라

보았습니다. 놀란 아이들의 입에서 비명에 가까운 소리가 터져 나왔습니다. 밀이도 소리를 지르며 손으로 입을 가렸습니다.

5분이 흐르자 락스물 속에 있던 빨간 금붕어는 아가미가 터져 나온 채 죽고 말았습니다. 합성세제와 샴푸가 섞인 물속에 들어가 있던 금붕어들도 점점 반응을 보였습니다. 금붕어들의 행동이 점점 느려지기 시작했습니다.

"야, 어떡하면 좋아."

여자아이들이 소리를 질렀습니다. 밀이도 안절부절 못하며 어쩔 줄을 몰라 했습니다.

아이들이 발을 구르며 안타까워하자 우농산 선생님은 맑은 물이 들은 커다란 비커에 금붕어들을 옮겨 주셨습니다. 금붕어들은 조금씩 생기를 되찾는 것 같았습니다.

"다행이야."

밀이는 안도의 미소를 지으며 비커 속을 돌아다니는 분홍 금붕어를 바라보았습니다.

합성세제와 샴푸물에 금붕어가 그렇게 빨리 반응을 보인다는 것에 밀이는 놀랐습니다. 특히 락스가 풀어진 물에 있던 빨간 금붕어의 모습은 대단히 충격이었습니다.

"물고기처럼 물속에서 사는 수중 생물들은 물이 오염되면 오래 살지를 못하고 죽게 되지. 그래서 강물이 오염되면 죽은 물고기들이 떠오르고 기형으로 생긴 물고기들이 나타나는 거란다. 오염된 물은 물속에 사는 생물의 목숨만을 빼앗아가는 게 아니라 사람들의 목숨까지도 위험에 빠뜨리지. 우리가 마시는 물은 강에서 끌어 올린 물이란 걸 잊지 말아라."

아이들은 이제 수질오염이 얼마나 무서운 것인가를 알 것

같았습니다.

금붕어를 잃은 장구는 고개를 책상에 묻은 채 아무 말도 하지 않았습니다. 밀이는 엎드려 있는 장구를 뒤돌아보았습니다. 장구에게 미안한 생각이 들었습니다.

수업이 끝나자 장구는 자리에서 일어나 밖으로 나가 버렸습니다.

"한솔아, 장구가 많이 속상한가 봐."

"응."

한솔이도 장구를 보고 있었는지 울적한 표정으로 고개를 끄덕였습니다.

"우리 장구한테 가 보자."

밀이가 자리에서 일어나며 말했습니다. 밀이의 손에는 분홍 금붕어가 든 비닐봉지가 들려 있었습니다. 밀이와 한솔이는 복도로 나갔습니다. 복도에도 장구는 보이지 않았습니다.

"어디 간 거지?"

한솔이와 밀이는 운동장으로 나갔습니다. 운동장에서도 장구는 보이지 않았습니다. 철봉이 있는 곳에도, 의자가 있는 곳에도 보이지 않았습니다.

"여기도 없나 봐."

그때 한솔이의 목소리가 들려 왔습니다. 밀이는 얼른 소리가 나는 쪽으로 가 보았습니다. 장구가 미끄럼틀 뒤에 앉아 있었습니다. 놀랍게도 장구는 훌쩍이고 있었습니다.

"장구야."

밀이가 다가서자 장구는 휙 뒤돌아 앉았습니다.

"들어가. 내 금붕어 죽었다고 흉 볼려고 나온 거지?"

"아니야, 네가 걱정돼서 나온 거야."

밀이는 훌쩍이고 있는 장구를 보자 가슴이 아팠습니다. 밀이는 비닐봉지 속에 든 분홍 금붕어를 한동안 들여다보다가 장구에게 내밀었습니다.

"장구야, 속상해 하지 마. 내 금붕어 줄게."

장구는 고개를 들어 분홍 금붕어를 쳐다보더니 다시 얼굴을 다리 사이에 묻어 버렸습니다.

"장구야, 가져. 밀이가 너한테 주는 선물이야."

한솔이가 장구의 어깨를 잡으며 말했습니다. 그래도 장구는 꿈쩍도 하지 않았습니다. 밀이는 장구의 손에 비닐봉지를 쥐어 주었습니다. 장구는 그제서야 고개를 들었습니다.

"정말 나한테 주는 거니?"

장구의 목소리는 많이 누그러져 있었습니다. 밀이는 고개를 끄덕였습니다. 장구는 눈물자국이 묻은 얼굴로 조금 웃어 보였습니다.

"고마워. 사실은 네 금붕어 아주 튼튼해 보여."

그러자 밀이와 한솔이도 방긋 웃어 보였습니다. 장구는 분홍 금붕어가 든 비닐봉지를 두 손으로 살며시 쥐었습니다. 장구의 얼굴에는 커다란 웃음이 번져갔습니다.

폐품발명왕의 만들기 놀이(주사위)

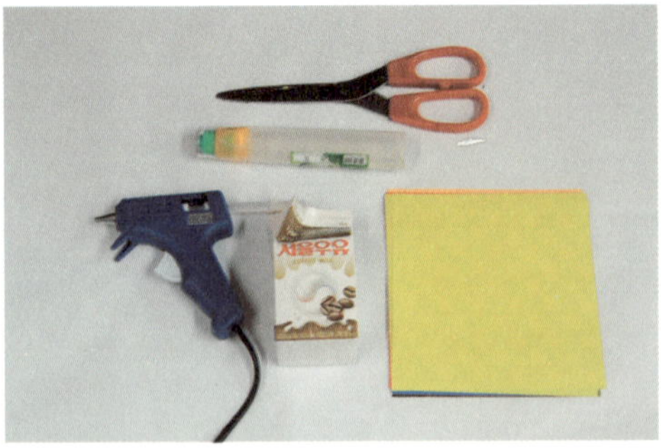

준비물 : 신문지나 잡지, 색종이, 마분지 1장, 빈 우유팩 1개, 가위, 글루건 각 1개.

1) 입구 부분이 접힐수 있도록 가위로 오려 낸다.

2) 신문지나 잡지 등을 구겨서 우유팩 안을 채워준다.

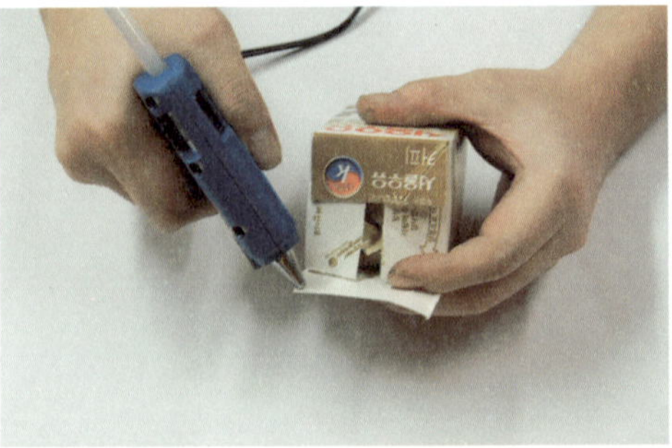

3) 글루건을 이용하여 두 면을 단단히 붙혀서 고정시킨다.

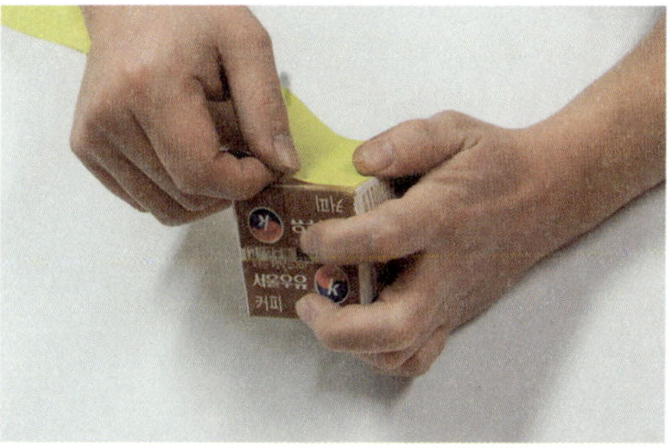

4) 우유팩의 크기에 맞춰서 색종이를 자른후 붙인다

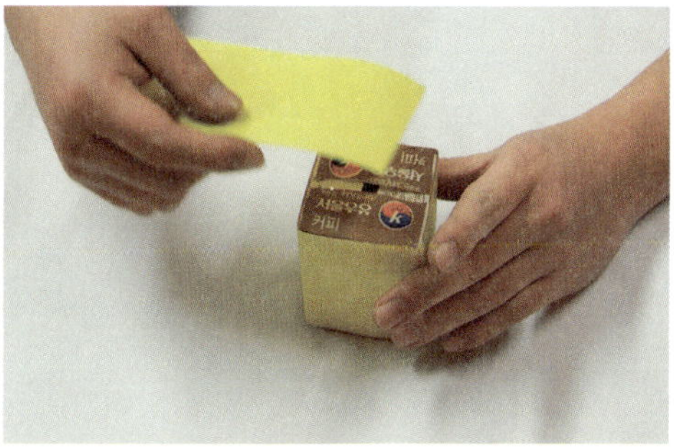

5) 윗면 또한 색종이를 붙인다.

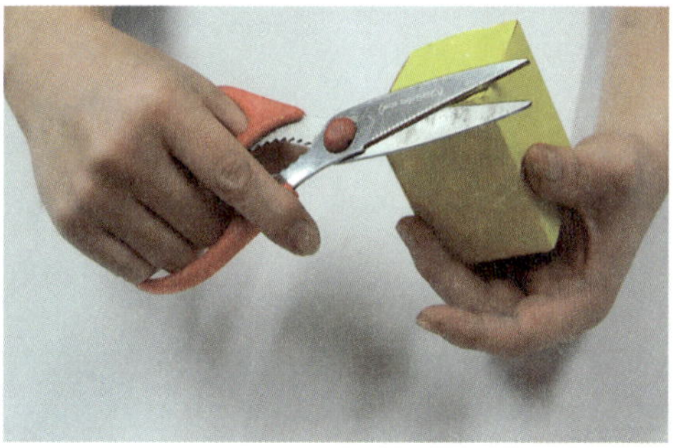

6) 가위로 고르지 못한 색종이를 다듬는다.

7) 숫자의 개수만큼 마분지를 동그랗게 오려낸다.

8) 풀을 이용하여 주사위 눈을 주사위에 붙인다.

9) 완성된 장난감 주사위의 모습.

폐품 발명 대회

"얘들아, 잠깐 이리로 모여 봐."

지구랑 조 아이들이 큰 소리로 반 친구들을 불러 모았습니다.

"무슨 일이야?"

아이들은 궁금한 얼굴로 지구랑 조 아이들이 모여 있는 교실 뒤로 몰려갔습니다. 그 곳에는 여러 개의 상자가 나란히 놓여져 있었습니다.

"이게 뭐야?"

"잠깐, 뭐라고 써 있다. 건전지, 종이, 유리병, 음료수 깡통?"

아이들은 얼굴을 내밀고 상자에 쓰여져 있는 글씨를 읽었습니다. 지구랑 조 아이들은 머리를 갸웃거리는 아이들을 웃으면서 바라보았습니다.

"아, 알았다. 쓰레기 분리수거함이지?"

밀이가 손벽을 치며 말했습니다. 그러자 다른 아이들도 이제 알았다는 듯 아하, 하고 탄성을 터뜨렸습니다.

"그러니까 우리 반에서 나오는 쓰레기는 여기에 적힌 대로 분리해서 버리자는 말이지?"

"꼭 우리 반에서 나오는 쓰레기가 아니어도 돼. 학교 안이나 동네 근처에 버려져 있는 걸 가져다 여기다 놓아도 돼. 병이나 깡통은 재활용을 할 수 있잖아."

한솔이가 아이들을 둘러보며 말했습니다. 그때 교실문이 열리고 우농산 선생님이 들어오셨습니다. 선생님은 아이들이 몰려 있는 걸 보시고 뒷자리로 오셨습니다.

"지구랑 조가 분리수거함을 만들었나?"

"네!"

지구랑 조 아이들은 우렁차게 대답했습니다. 우농산 선생님의 얼굴에는 커다란 웃음이 피어났습니다.

"그래, 정말 좋은 생각이다. 너희들이 여기에 모으는 물건들은 자원을 보호하는 데 큰 힘이 될 것이다. 게다가 빈 병은 모아서 슈퍼마켓에 내다 팔 수도 있고 말이다. 그 돈을 모아서 학급을 위해 쓸 수도 있지."

아이들은 그 말을 듣자 금세 신이 났습니다. 그때 우유 급식을 알리는 종소리가 울렸습니다. 주번들이 나가서 큰 상자에 우유를 담아 왔습니다.

종안이는 우유를 금세 꿀꺽꿀꺽 다 마시고는 휴지통에 넣으려다 제 머리를 콩 쥐어박았습니다.

"아참, 종이는 따로 모으기로 했지."

종안이는 빈 우유곽을 '종이 수거함' 이라고 적힌 상자에 그

대로 넣었습니다. 종안이는 우쭐한 기분이 들었습니다. 그런데 밀이는 다 마신 우유곽 속에 물을 넣고 헹구는 것이었습니다. 우유곽을 헹군 밀이는 책가방에서 가위를 꺼내 납작한 종이가 되도록 잘랐습니다. 그리고는 그것을 창가 옆에 내어 말리는 것이었습니다.

"밀이야, 종이곽을 왜 잘라서 말려?"

종안이는 궁금한 목소리로 물었습니다.

"그래야 부피가 얇아지잖아, 그리구 물이 묻어있으면 다른 종이들까지 젖으니까 말리는 거야"

"그냥 버리면 되는게 아니구나?"

종안이는 머리를 긁적이며 버린 우유곽을 얼른 집어 들었습니다. 그리고는 밀이가 했던 것처럼 물에 헹구어 자른 뒤 창가에 펼쳐 두었습니다. 창가에는 금세 여러 개의 우유곽이 모였습니다. 아이들은 우유곽이 어서 햇볕에 보송보송 마르기를 기다렸습니다.

3반 아이들은 모두들 분리수거에 열심이었습니다. 미술시간이 끝나고 난 뒤 남은 색종이 조각이나 다 쓴 도화지를 차곡차곡 상자 안에 모아 두는 것도 잊지 않았습니다. '유리병 수거함' 에도 여러 개의 병이 모였습니다. 학교 오는 길이나 매점

근처에서 발견한 유리병을 아이들이 주워와서 넣어 두기 때문이었습니다.

우농산 선생님도 유리병이나 다 쓴 건전지를 가져와 상자 안에 넣으시곤 했습니다. 그때마다 아이들은 헤헤 웃으며 뒷자리에 있는 분리수거함을 자꾸만 뒤돌아보았습니다.

아직 조사를 하지 않은 다른 조 아이들은 분리수거함을 지구랑 조 아이들이 벌써 생각해 냈다는 것을 아쉬워하기도 했습니다.

"선생님, 저희도 분리수거를 할 수 있었는데 지구랑 조가

먼저 해버려서 속상해요.”

학급회의 시간에 다음에 조사할 아이들이 아쉬운 듯 말했습니다. 그러자 우농산 선생님은 껄껄 웃으셨습니다.

“환경을 보호하는 방법이 분리수거만 있는 건 아니다. 우리가 실천할 수 있는 방법은 얼마든지 있지. 나무를 심을 수도 있고, 새들을 보호해 주기 위해서 새집을 지어줄 수도 있고 말이다. 환경보호 운동은 모두 멋진 일이지.”

그러자 다른 조 아이들의 부어 있던 얼굴이 밝게 펴졌습니다. 우농산 선생님의 말씀처럼 환경을 보호하는 일은 얼마든지 많을 것 같았습니다.

“아침에 보니까 분리수거함이 거의 차 있더구나. 그중엔 아직 다 썼다고 하기엔 아까운 물건들도 있는데, 물감이 묻은 책받침이나 색종이 조각은 우리가 잘만 생각하면 다시 쓸 수 있을 것 같다. 좋은 방법 없을까?”

아이들은 고개를 갸웃거렸습니다. 그때 장미가 손을 들었습니다.

“폐품을 이용해서 각자에게 필요한 걸 만들어 보는 건 어떨까요?”

“와아, 그래. 좋은 생각이다.”

아이들은 장미의 말에 놀란 얼굴로 말했습니다. 깨끗하고 예쁜 새 물건만을 쓰는 장미가 그런 생각을 해 냈다는 것이 놀라웠습니다. 장미의 의견에 가장 찬성한 것은 한솔이였습니다. 한솔이는 같은 조인 장미의 의견이 자랑스럽기도 했습니다.

"그래, 그럼 각자 분리수거함에 있는 폐품을 이용해서 발명품을 만들기로 하자. 집에 있는 폐품을 이용해도 좋다. 다음 주까지 만들어 오기로 하면 되겠지? 그 날이 기대가 되는구나. 장미가 정말 좋은 생각을 해 냈는데?"

우농산 선생님의 칭찬에 장미의 얼굴에 발간 홍조가 퍼졌습니다. 그때 종안이가 크게 외쳤습니다.

"선생님, 폐품 발명왕도 뽑아요."

"와아, 그래요."

"폐품 발명왕이라, 멋진 이름이다. 좋아. 폐품 발명왕도 뽑기로 하자."

아이들은 책상을 두드리며 좋아했습니다.

다음 날이 되자 아이들은 분리수거함에서 각자 필요한 폐품들을 가져다가 학교 수업이 끝나자마자 집으로 달려갔습니다.

밀이는 엄마가 쓰고 남기신 헝겊들을 이용해서 작은 헝겊 필통을 만들기로 했습니다. 밀이는 엉성하지만 한 뜸 한 뜸 정성들여 바느질을 했습니다. 엄마가 하시는 걸 볼 때는 쉬워보였는데 막상 하려니까 생각대로 되지 않았습니다. 그러다가 밀이는 바늘에 손가락이 찔리고 말았습니다.

"아야."

손가락에서는 붉은 피 한 방울이 배어 나왔습니다. 밀이는 얼른 손가락을 입에 물었습니다. 손가락이 따끔거렸지만 완성이 되어 가는 헝겊 필통을 보자 아픔도 금세 가셨습니다.

종안이는 아이들이 미술시간에 쓰다 버린 철사와 도화지를 이용해서 휴지걸이를 만들었습니다. 휴지걸이는 엉성해 보였습니다. 그러나 종안이의 눈에는 자신이 만든 휴지걸이가 어떤 휴지걸이보다도 멋있었습니다.

"벽에다 걸어 봐야지."

종안이는 휴지걸이를 매단 다음 휴지를 걸었습니다.

"와, 멋지다."

종안이가 박수를 치려는 찰나 휴지는 힘없이 아래로 툭 떨어지고 말았습니다. 철사가 너무 가늘어서 휴지의 무게를 지탱하지 못한 것입니다. 종안이는 히잉 하고 울상을 지었습니다.

한솔이는 재생종이를 만들기로 결심했습니다. 언젠가 종이를 만들기 위해 하루에 엄청난 양의 나무가 잘려나가고 있다는 말을 우농산 선생님에게 들은 적이 있었습니다. 그 생각이 떠오르자 한솔이가 생각해낸 것이 바로 재생종이를 이용해 공책을 만드는 것이었습니다.

한솔이는 분리수거함에서 가져온 종이를 잘게 찢어 믹서기에 넣고 갈았습니다. 종이가 흐물거리게 되자 물기를 빼낸 뒤 신문지 위에 올려놓고 햇볕에 말렸습니다. 햇볕에 마르자 그것은 신기하게도 연필로 글씨를 적을 수도 있는 종이가 되었습니다. 모양은 삐뚤삐뚤했지만 한솔이는 재생종이가 자랑스럽기만 했습니다.

한솔이는 재생종이를 반으로 접어 자른 뒤 다시 큰 재생종이를 한 장 더 만들었습니다. 그것을 크기를 맞춰서 실로 묶자 얇은 공책이 되었습니다.

"헤, 내가 만든 공책이다."

한솔이는 울퉁불퉁하고 모가 난 네 장의 종이가 달리 공책을 가슴에 꼬옥 안아 보았습니다. 마치 살아 있는 나무의 향긋한 냄새가 맡아지는 듯했습니다.

폐품 대회를 열기로 한 토요일이 되자 아이들의 가슴은 아침부터 두근거렸습니다. 아이들의 책상 서랍에는 각자 만들어 온 폐품 발명품이 들어 있었습니다.

장구가 만들어 온 폐품 발명품은 깡통으로 만든 저금통이었습니다. 장구는 깡통 저금통을 꺼내 보이며 자랑스럽게 말했습니다.

"내 저금통 멋있지? 너희들 내가 폐품 발명왕이 되더라도 샘내면 안 돼."

아이들은 키득키득 웃으면서 좀처럼 책상 서랍 속의 발명품을 꺼내 놓으려 하지 않았습니다.

학급회의 시간이 되자 우농산 선생님께서 교실로 들어오셨습니다.

"오늘이 폐품 발명 대회가 있는 날이란 걸 알고 있겠지? 자, 얼마나 멋진 발명품을 만들었는지 볼까?"

아이들은 기다렸다는 듯이 책상 서랍에서 각자 만들어온 발명품을 꺼냈습니다. 밀이와 한솔이도 가슴을 콩닥이며 헝겊 필통과 재생공책을 올려놓았습니다.

"와아, 필통 만들었구나. 예쁘다."

한솔이는 밀이의 헝겊 필통을 보고 탄성을 질렀습니다. 색깔이 서로 다른 짜투리 헝겊들이 엉성하게 꿰어 맞춰져 있었지만 한솔이의 눈에는 예쁘게만 보였습니다. 밀이의 볼에 살짝 보조개가 패였습니다. 그러나 한솔이의 책상 위를 바라본 밀이의 눈은 더 동그랗게 커졌습니다.

"이 공책 네가 직접 만든 거야?"

"응. 다 쓴 종이로 만들었어. 재생공책이야."

밀이는 눈을 빛내며 한솔이의 재생공책을 들여다보았습니다. 울퉁불퉁하고 엉성했지만 여러 겹의 실로 튼튼하게 묶여져 있었습니다.

"재생공책을 만들었다구?"

종안이가 한솔이의 책상으로 다가오며 큰 소리로 말했습니다. 그러자 다른 아이들도 한솔이의 자리로 몰려들었습니다. 아이들의 자리를 돌며 폐품 발명들을 둘러보시던 우농산 선생님도 한솔이에게 가까이 다가왔습니다.

"다 쓴 종이를 이용해서 재생종이를 만들었구나. 멋진 발명품이다."

우농산 선생님이 칭찬을 하시자 한솔이는 쑥스러워졌습니다.

아이들은 각자 만들어 온 폐품 발명품을 자기 이름과 발명품 이름을 써 붙여 교실 안에 전시해 놓았습니다. 아이들은 차례대로 나와서 다른 친구들의 발명품을 구경했습니다. 상자로 만든 쓰레기통, 연필꽂이, 필통도 있었지만 한솔이의 재생공책이 가장 눈에 띄었습니다.

아이들은 투표를 해서 폐품 발명왕을 뽑기로 했습니다. 밀이의 이름도 나오고 종안이의 이름도 나왔습니다. 그러나 가

장 많은 표를 얻은 건 바로 한솔이였습니다.

"우리 반의 폐품 발명왕은 한솔이다."

우농산 선생님이 외치자 아이들이 와르르 박수를 쳤습니다.

"한솔아, 축하해."

"축하해. 정말 멋진 발명품이었어."

아이들이 다가와 큰 소리로 말했습니다. 한솔이는 기쁨으로 가슴이 꽉 차오르는 것 같았습니다. 활짝 웃고 있는 밀이와 장구, 종안이, 장미, 강순이의 얼굴이 회전목마를 탄 듯이 눈앞을 빙글빙글 돌았습니다.

"한솔아, 축하한다."

우농산 선생님도 한솔이를 축하해 주셨습니다.

"폐품 발명왕은 한솔이 한 명이 되었지만, 나는 우리 반 친구들 모두가 환경왕이 되기를 바란다. 나는 너희들이, 우리들 한 명 한 명이 환경을 지켜야 한다는 걸 잊지 않기를 바란다."

"네!"

아이들은 크게 대답했습니다. 아이들의 우렁찬 대답소리는 바람을 타고 멀리 퍼져나가 앓고 있는 산을 어루만지고, 신음하는 강물을 쓰다듬어 줄 듯했습니다.

도전 리틀과학자
우리반 재활용 챔피언

2015. 3. 3 인쇄
2015. 3. 5 발행

글 대한과학진흥회
그림 위스뉴스키 피에르
펴낸이 신 주 황
펴낸곳 스완미디어
등록 제2-4534호
주소 서울시 중구 만리동2가 12-33 태영빌딩
홈페이지 www.dollplaybooks.com
대표전화 02) 393-0026
팩스 02) 312-8349

ISBN 978-89-92565-74-5
ISBN 978-89-92565-70-7 (SET)

값 9,800원
※ 잘못 만들어진 책은 구입하신 곳에서 바꾸어 드립니다